できる！つかえる！

ことば遊びセレクション

向井吉人

太郎次郎社エディタス

はじめに

ことば遊びは、ことばを遊ばせる技法であり、表現活動のひとつです。さまざまな技法に動機づけられて、楽しく・おもしろく表現できちゃう、遊べちゃう。ふつうの文章表現は、見聞したものや心情・気持ちなどが動機づけになる自己表現です。だけど、ことば遊びは、単語やフレーズ、詩作品などをもとに、意味ではなく、音と文字を技法・ルールにのせて遊ばせるものです。

しりとり、くつかむり(沓冠)、アクロスティック、だんだんことば……などなど、たくさんの技法があって、さながら遊園地のアトラクションのよう。学校作文によって紡がれることばは、見聞や感情に寄り添った表現になる。だけどことば遊びは、見つかったり引きだされたりしたことばのイメージによって表現される。こうしたことばさがしと文づくりの思考過程って、学校作文とはあきらかに異質なものではないでしょうか。

教科書教材のなかにも、ことば遊びが表現活動のひとつとしてとりあげられています。いやあ、じつに喜ばしいことです。本書でもいくつかの事例を紹介していきます。しかし、です。表現活動における思考過程、頭づかいの違いには、あまり気づかれていないように思います。

そうです。ことば遊びは、初めにことばありき。パズルにも似たさまざまな技法によって動機づけられ、組み合わせたり、並べ替えたり、つないだりしながら、想像的なイメージへと広げ、ふくらませる。自己表現しなくちゃ、という縛りから解放されて、頭も心もリフレッシュすることうけあいです。

小学校の三十人ほどの教室で実践する、授業としてのことば遊びはパワフル。飛び交うことば、イメージのすれ違いや飛躍、偶然のことばが化学反応する瞬間などを、わたしはしこたま体験してきました。そんな体験を反芻しながら、長年「学級だより」に書いてきた授業記録をもとに、本書はセレクト・編集されています。でも、ことば遊びのおもしろさ・楽しさは「やってみなくちゃわからない！」——と、某テレビ番組のキャッチフレーズを借りて申し上げておきましょう。

ことば遊びは、教室における関係性をとりもつ教材のひとつでもあります。教科・教材・授業によって、子どもとの関係性はかたちづくられ、構築されます。ちょっと異質な思考過程をはらむことば遊びが、関係性の遊びや潤滑剤になるのではないでしょうか。

著者

ことばの音を　ならべかえたり
とりかえたり
ばあいによっては　しりとりあそび
あんなことば　こんなイメージ
そうぞうしながら　ひろがるせかい
びっくりぎょうてん　うちょうてん

もくじ

V もっと楽しく　ことば遊びのカルタと本

＊本書に掲載した子どもの作品の多くに、作者名として姓か名が記してあります。教室でうまれたことば遊び作品を掲載してきた、「学級だより」などに準じた表記としました。

Ⅰ ことばが見つかる
ひらがな遊び

わたしたちは幼少期からたくさんのことばを聞き、読み、記憶しています。そのことばは頭のなかにストックされていて、認識や表現に応じて引きだされます。表現力とは語彙力だといえるでしょう。ひらがな遊びは、それらの語彙をいくつかの文字から、また語形から連想的に引きだす・見つけだす技法です。

たとえば、しりとりで、似ている音で、文字の数や単語の型で。〝だんだんことば〟や〝綴りかえ〟で。文字や語形にうながされ、無意識の領域におかれて忘れかけていた、思わぬことばが見つかります。こんなことば知っていたのか！　という驚きが、子どもにも大人にもうまれます。いわば〝ことばの虫干し〟です。ことばの虫干しをしておくと、いつでも表現に活かせるのではないでしょうか。

ことばみっけ！　見つける出てくる生まれくる　❶

15文字でことばさがし

あいうえお
かきくけこ
さしすせそ

この十五文字を使って、できることばを見つけましょう。

◎濁音をつけてもいいことにすると、使える文字は二十五文字になります。

二文字のことば

きく　しき　あい　うえ　くし　うそ　こけ　いき

三文字のことば

しかく　うごく　こいし　ごくう　せすじ　えいが　かじき　すいす

四文字のことば

あさがお　あじさい　うぐいす　すいそう　そうじき　しいそう

ほかにも、こし、うく、さす、さか、さけ、くそ、きす、くうき、あかい、ずこう、こくご、えいご、おおさか、いいあい、おおぜき……など、たくさんできます。

見つけたことばをイラストつきで！

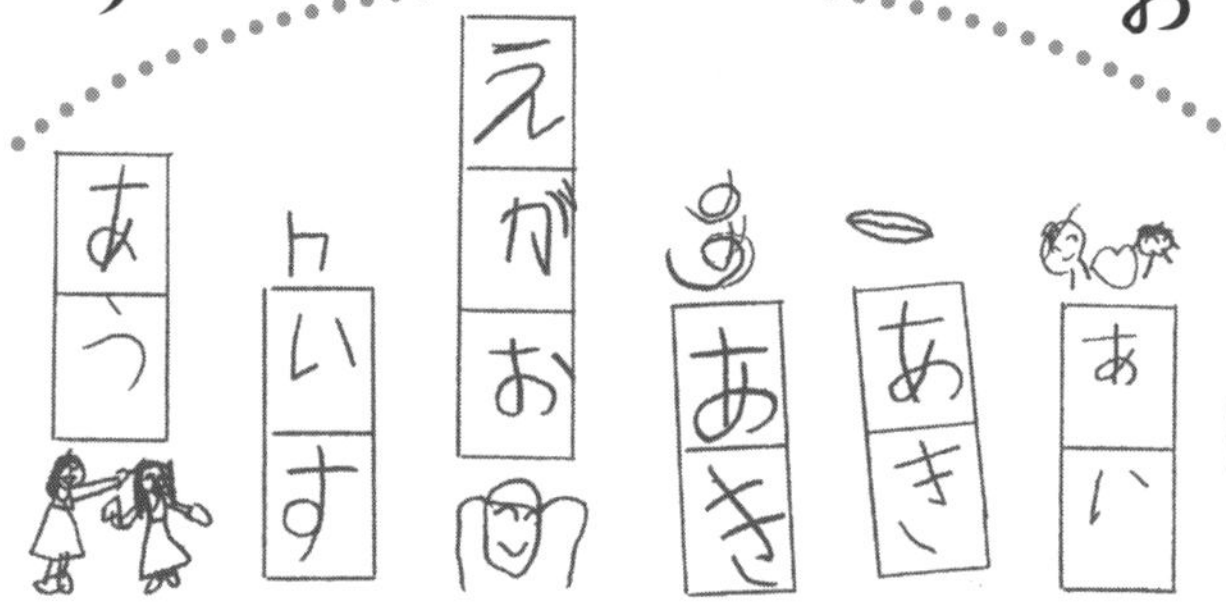

きみじま　きりこし　わたなべ　はやの　きりこし　まえだ

教室ではこんな工夫で

●小学校一年生の教室で、ことばさがし。まず、思いつくまま、いろいろ発表しあいます。友だちの苗字や名前もいっぱい出てきます。子どもたちは考えついたら口に出しますので、それがどんどん広がって、たいていの子が同じことばになりがちです。でも、このじゅわーっと広がっていく感じが、ことば遊びのおもしろいところです。

●ワイワイ言いあったあとで、見つけたことばを書いて、そこにイラストをつけてもらいました（上の絵）。これが楽しい！　それぞれの「ことば」をどのようにイメージしているかがわかります。ちょっと抽象的な「あい」「あき」「くうき」「うえ」や「さす」「うく」などの動詞が見どころです。

●一年生の文字指導は、五十音順とはかぎらないようです。学習した順に、十文字、十五文字と決めて、ことばさがしをしましょう。

こんなにできるの？ 10文字の挑戦

2

10文字でことばさがし あ段づくし

あかさたな
はまやらわ

この十文字を使って、できることばを見つけましょう。
◎こんどは文字の数を少なくして、濁音を使わずにやってみます。

二文字のことば

かさ
はな
あさ
わた
やま
なま
はか
あな
なか
さら
かた
かわ

三文字のことば

さかな
あなた
たから
はなや
たかさ
なかま
わかさ
はなわ
かたな

四文字のことば

はらわた
わかさま
やわらか
さかなや
さわやか

いやあ、たくさんありますね。もっと見つかりますよ。

濁音もオーケーにするとさらにたくさんできます。下の欄に紹介した「名前の文字」遊びも同様です。

教室ではこんな工夫で

●さがしているうちに、「濁音にしてもいい？」と聞かれることでしょう。たいていの場合、一例をたずねて、「いいじゃない。やってごらん」とすすめます。「が・ざ・だ・ば・ぱ」の五文字が入りますから、違うことばが見つかるでしょう。また、同じ音を二回使えるかどうかを聞かれることもあります。思いついたことは試してみてください。

●名前の文字からことばさがしをすることもできます。文字数が少ない名前の子や、同じ文字が多い名前の子もいますので、教室では、ちょっと配慮が必要です。ここでは、わたしの名前「むかいよしひと」の七文字を使って遊んでおきます。

二文字ことば――いか、かい、むし、しか、いし、よむ、かし
三文字ことば――むかし、しかい、かいひ、かよい、かいむ、とかい
四文字ことば――よむひと、ひとしい、ひとよし（人吉）、よむかい（読む会／読むかい？）

ポピュラーなしりとりに、ひと工夫

3

2文字しりとり、3文字しりとり

しりとりは、ことば遊びのなかでもたいへんポピュラーなものです。この遊びは、教室の全員で発表しあいながら、黒板に書いていくこともできます。あるいは、「ぺーぱーしりとり」とか「一人しりとり」と称して、紙に書いてもらうこともできます。自由に遊べますが、いろいろと決まりごとをつくって遊ぶと、ちょっとむずかしくなっておもしろいですよ。まず、文字数を決めてやってみましょう。

二文字のことば

はな→なす→すな→なし→しま→ます→すず→ずれ

りす→すな→なみ→みる→るす→すみ→みず→すし

うま→まち→ちず→すず→すみ→みず→すし→しか

三文字のことば

めがね→ねずみ→みみず→すずき→きのこ→こあら→らっぱ→ぱんつ→つみき→きもち

まりも→もすら→らもす→すもも→もめる→るびい→いるか→かもめ→めんこ→こなら

おこめ→めがね→ねずみ→みかん→かんき→きもの→のうし→しずむ→むじん→しんし

「ん」については下欄を参照

教室ではこんな工夫で

●「す」と「ず」、「こ」と「ご」など、濁音と清音はつなげられるルールでやっています。

●黒板に十個ほどかけたら、声に出して読んでみましょう。早く読んだり、ゆっくり読んだり……。また、文字数によってもリズムを変えることができます。

●四文字（またはそれ以上）のことばでのしりとりも可能です。この場合、「ん」で終わったら、下の二文字を使う「二文字つなぎ」（次ページ）のしりとりをしてつなげていきます。

●二年生の教室で、みんなで考えてもらった作品を紹介します。

二年生の作例（四文字しりとり）

えんぴつ→つなまよ→ようかい→いらすと→とんかつ→つりざお→おにぎり→りかしつ→つりばし→しばけん→けんさく

●つながっているいくつかのことばを使って、作文することができます。62ページの「しりとり小ばなし」をご覧ください。

1時間でも遊べちゃう

4

「2文字つなぎ」しりとり

後ろの二文字ずつをつないでいくしりとりです。

「ん」で終わっても、つなぐことができます。そのかわり、後ろから二番目に「ん」のつくことば（マント、さんまなど）は続けられません。

そのときは「ん」を抜いて、「マト」「さま」などとして続ければいいでしょう。

また、ここでは「しょう」などは三文字もオーケーとしています。


ことば→とばっちり→ちりがみ→かみのけ→のけた
→げたばこ→はこぶ→こぶとりじいさん→さんごしょう
→しょうねん→ねんぶつ→ぶつぞう→ぞうり→うりふたつ

ゆうき→うきわ→きわどい→ドイツ→いつきひろし
→ロシア→シアター→ターぼう→ぼうし→うしみつどき
→ときのながれ→かれは→レバー→ばあさん→さんじのおやつ

くだもの→ものごころ→ごろすけ→スケッチブック
→つくつくぼうし→うしぼくじょう→ようせい
→せいりせいとん→とんねる→ねる子はそだつ
→だっそう→そうぞう

教室ではこんな工夫で

●子どもはひらがな・カタカナを自在に混ぜたり、ことわざを書いたりもします。「二文字つなぎ」しりとりは、ときどきうまくつながらないこともありますが、うまくつながることばを思いついたときは、「やったね！」って感じになります。

●上の作例には、いくつかことわざが出てきましたし、ちょっとむずかしいことばもありますね。それもそのはず、五年生の作品です。

●黒板を使って学級全体で楽しむことができます。思いついたことばを発表してもらい、教師がそこから好みで選んで、黒板に書いていきます。ときどき、ことばさがしがむずかしい二文字に四苦八苦する場面もあります。三年生の作品をひとつ紹介します。

三年生の作例

したく→たくあん→あんぱんまん→まんじゅう→じゅうじろ→じろじろ→じろうくん→くんよみ→よみがえる→エルサイズ

たべもの、どうぶつ、学校にあるもの……

5 テーマしりとり

決まりごとをつくると、しりとりは、がぜんおもしろくなります。食べもの、動物、学校にあるもの、さわれるもの……など、テーマを決めて、そのことばでしりとりをしてみましょう。

「たべものしりとり」「どうぶつしりとり」の例をご紹介します。一年生の作品です。

たべものしりとり

キウイ→いちご→こまつな→なっとう→うめぼし
→しゃけ→ケーキ→キャベツ→つきみそば→バナナ→なす
→すし→シュークリーム→むぎちゃ→チャーハン

とうふ→ふりかけ→ケーキがふたつ→つくね→ねぎ
→ぎょうざ→ざるそば→ばーべきゅー→ゆでたまご
→ごはんほかほか→かすてら→らーめんたべよ→よーぐると
→とまと→とんかつ→つきみだいふく

どうぶつしりとり

ねずみ→みみずく→くま→マングース→すいぎゅう
→うさぎ→ぎんぎつね→ねこ→コアラ→らくだ→ダイオウイカ
→かに→にわとり→りす→すずめ→めだか→からす→すっぽん

教室ではこんな工夫で

●「学校・勉強に関係あるもの」というルールで、二年生の教室で考えました。「す」と聞いて、おもわず「すいか」などと言ってしまう子もいたりして、楽しくすすめられました。できた作品はつぎのとおりです。

二年生の作例

すべりだい→いす→すいとう→うんどうかい→いんさつしつ→つくえ→えんぴつ→つきやま→まっと→といれ→れいぞうこ→こうさく→くつ→つうしんぼ

●「いんさつしつ」「つきやま」「つうしんぼ」には、おおっという声があがり、拍手がおきました。「れいぞうこ」は関係ないという声もありましたが、「保健室にあるよ」と知っていた子がいました。

●さいとうしのぶさんの『しりとりしましょ!』(リーブル)は食べものしりとり絵本。「あ」は、あいすくりーむ→むぎちゃ→やきいもとつながり、「あ」から「ぽ」まで六十七音で始まる構成です。

始点・終点のことばを先に決めます

6 しりとりでつなごう

はじめと終わりのことばを決めたしりとりです。はじめを「ねこ」にして最後を「いぬ」にするとか、「こくご」から「さんすう」までのあいだをつなげるなど、自在にできるでしょう。ワークシートを使って三年生がつくった作品を載せておきましょう。

ねこ←こま←ママ←マラカス←すいか
かに←にんぎょう←うりふたつ←つり←りす
スロット←とまと←トイレ←れい←**いぬ**
（みゆう）

こくご←ごりら←らっこ←こあら←らっぱ
ぱい←いんこ←コーラ←ライト←トイレ
れいぞうこ←こけ←けんさ←さんてんさ←**さんすう**
（はなな）

ほかにも、「テスト→まんてん」と決めて、こんな作品をつくった子がいました。

テスト←トマト←とし←しろ←ろば←バイト←とかい←いんこ←こま←まんとひひ←ひんと←とんぼ←ぼくじゅう←うま←**まんてん**
（めかり）

教室ではこんな工夫で

●丑年になるとき、「ねずみ」→「うし」のしりとりを書いた年賀状をください、という遊びをしたことがあります（二〇〇八年度）。二年生の二つの作品を紹介します。

二年生の作例

・**ねずみ**→みつ→つばめ→めかぶ→ふね→ねりけし→しまうま→まりも→もぐる→るす→すう→**うし**

・**ねずみ**→みみずく→くじら→らっきょ→よっと→とんび→びんちょうまぐろ→ロングブーツ→つきみだんご→ごま→まりも→もんしろちょう→**うし**

●高畠純さんの『十二支のしりとりえほん』（教育画劇）という絵本があります。お察しのとおり、「ねずみ」から「うし」へ、「うし」から「とら」へ、「うさぎ」「たつ」……と、「いのしし」までの十二支がつながって展開します。

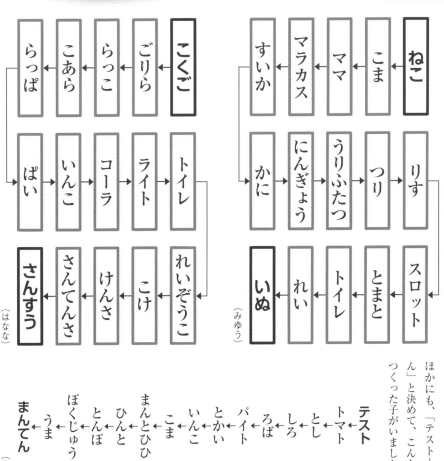

思いがけないイメージが生まれる

7

だんだんしりとり

文字数を一文字ずつふやしていくしりとりです。
最後が「ん」のときは、「二文字つなぎ」（11ページ）でつなげていきます。
五、六文字をこえると、なかなか単語をさがせませんから、文やフレーズになってもいいでしょう。最初の文字と文字数が決まっているという制約から、思いがけないフレーズとイメージの広がりを楽しむことができます。

こま
まんと
トーマス
スルメイカ
かえるのあし
したくをしない
いしをころがした
たぬきがねころんだ
だるまさんがころんだ
（花歩）

いか
かもめ
めんたま
まほうのち
ちくわをやく
くるまをあらう
うしをねこにする
るすばんでんわダメ
メリークリスマスのひ
（涼音）

記入のしかたを少し変えると、65ページでとりあげる「だんだんばなし」のようになります。いいかえると、「だんだんばなし」のしりとり編です。
ですから、内容を考えてつなぐと、タイトルがつけられるひとつのお話にもなるでしょう。

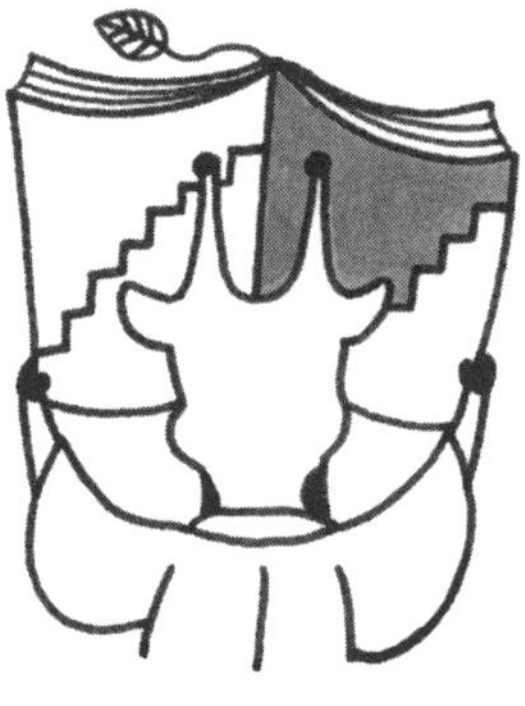

これぞ、しりとり上級編 8

スーパーしりとり

文字数の枠をランダムに決めて、ことばをさがしてしりとりをします。書きながらすすめますから、考えどころができます。促音の「っ」も、できるだけ一マス使ってください。濁音をつけたり取ったりするのはかまいません。

決まった文字数でしりとりができるようにワークシートをつくっておくと、いつでも楽しめます。ワークシートと作品の一部を紹介しましょう。

ワークシートの例

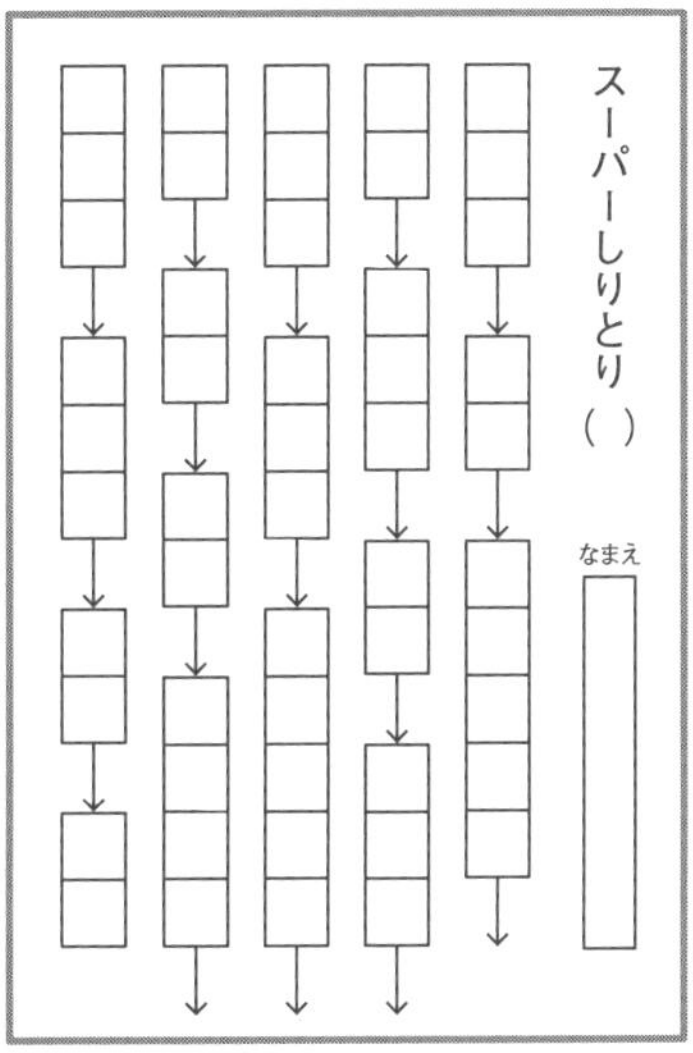

とまと → とらっく → くるまいす → すし → しぬ → ぬの → のりまき →

（まさき）

めも → もも → もむ → むしとり → りんご → ごりら → らく → くび →

（きなり）

こくご → ごま → まんとひひ → ひる → るびい → いぬ → ぬりえ →

（こよみ）

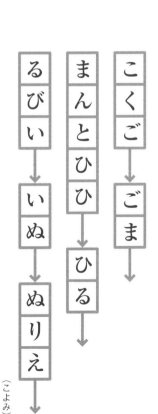

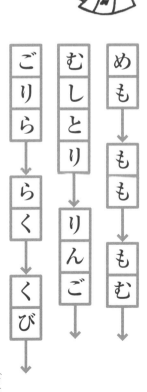

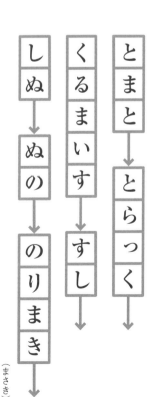

ことば遊びをレベルアップする「ん」

9

「ん」の活用

ことば遊びに「ん」を活用すれば、さらに幅が広がります。たとえば、黒板に「まん　みん　むん　めん　もん　やん　ゆん　よん」と書き、ノートに写してもらってから、その下にそれぞれ、ことばを考えて書いていく遊び方はどうでしょうか。

単語からフレーズや文へと広げることができます。

1 「ん」ことばさがし

まん…まんと、まんじゅう、まんが、まんせき（満席）、まんとひひ、まんげつ、まんなか、まんげきょう

みん…みんと、みんな、みんみんぜみ

むん…むんくのさけび、むんむんする

めん…めんこ、めんつゆ、めんどり、めんま、めんちかつ、めんたま

もん…もんしろちょう、もんきい、もんすたあ、もんじゅのちえ

やん…やんちゃ、やんきーす、やんぐ

ゆん…ゆんける（商品名）、ゆんこ（名前）、ゆんゆん（名前）

よん…よんこ（四個）、よんくみ、よんかん（四巻）

2 フレーズづくり

まんとをつけるせみ
まんとひひのマント
みんとあじのラムネ
むんくのさけびがうるさい
ゆんこちゃんとバレエをおどる

（かんな）

教室ではこんな工夫で

●ひらがな学習は、ことば遊びざんまい。教科書では画数の少ない「し」や「く」などからはじめていますが、わたしはたいてい、「あ」から五十音順に、市販の教材プリントを使いながら、一、二文字ずつすすめました。プリントにイラスト入りで書かれていることば（単語）のあてっこをするだけでも、十分たのしい授業になります。

●五十音最後の「ん」を学習して、ついでに濁音をとりあげると、ことば遊びがいっそうレベルアップします。「あん――」など二音を決めてのことばさがし、そして、が・ざ・だ・ば・ぱの行で、「がん」「ぎん」から「ぼん」、「ぱん」「ぴん」……という濁音・半濁音のことばさがしが可能になるからです。

思いがけず、むずかしいことばを知っている子がいたり、ゲームのキャラクターなど、おとなの知らない子ども文化の世界をうかがい知ることができます。

名詞あり、擬態語あり、外来語あり

⑩

促音「○っ」のつくことば

五十音それぞれの文字に「ん」をつけて、ことばをさがす遊びを紹介しました。
同じように、促音の「っ」をつけたらどうでしょうか。
五音ずつ、どの行でも遊べますが、濁音・半濁音の「が・ざ・だ・ば・ぱ」の行がおもしろいのではないかと、ドリルをつくってやってみました。

がっこう
ぎっしり
ぐっばい
げっとだぜ
ごっこ
（いつき）

ざっし
じっぷ
ずっすーん
ぜっこうちょう
ぞっとする
（いつき）

ばっく
びっくり
ぶっく
べっぴん
ぼっくす
（るり）

ぱっちり
ぴったり
ぷっしゅ
ぺっとボトル
ぽっぷコーン
（るり）

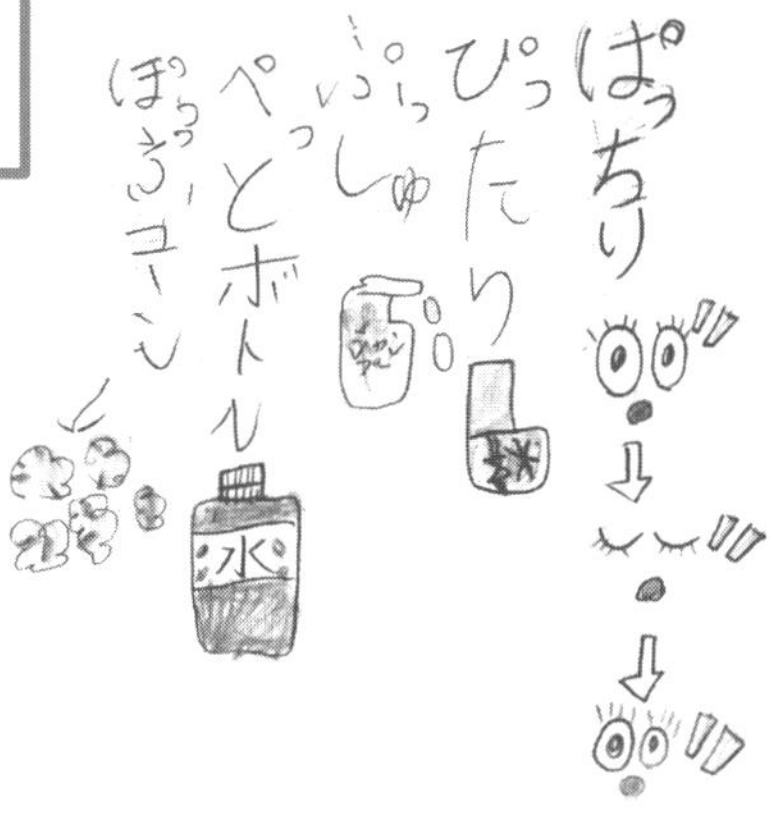

教室ではこんな工夫で

●二年生の教室での授業。まず全員で、「がっ」「ぱっ」など一、二例をやってみます。発表されたものを黒板に書き、声に出して早く読んだり、かけあいで読んだりして、つぎの文字から各自で取り組みます。

●全員のものを集計してみますと、座席が近い子どうしでの交流や、思わず声に出した子の発見など、重複して書かれていることばがたくさんあります。見つかったことばから、「ぱ行」の例を左にあげてみました。

ぱ…ぱっく、ぱっと、ぱっかん、ぱっくまん、ぱっくり、ぱっちん

ぴ…ぴっかぴかの一年生、ぴっざ、ぴったり、ぴっちんぐ、ぴっかぴかにそうじする

ぷ…ぷっしゅ、ぷっかぷかうかぶ、ぷっちょ、ぷっちんぷりん、ぷっくり

ぺ…ぺっとぼとる、ぺっとしょっぷ、ぺったんこ

ぽ…ぽっぷこーん、ぽっと、ぽっきん、ぽっきー

意外にあった！ 2つ以上の「ん」をもつことば

11

「○ん○ん」ことば

「ん」が二つ以上入っていることばを見つけてみましょう。
新学期の二年生の教室で生まれたことばやフレーズを紹介します。

1 見つけたことばを発表しあって

かんばん、よんばん、にんじん、にんげん、ペンギン、
でんでんむし、しんかんせん、カンニング、ランニング、
ホールインワン、アンパンマン……

2 さらに、各自プリントに書いて（フレーズもオーケーとしました）

かんぱん、てんせん、いんげん、はんにん、しんだん、でんげん、
けんちんじる、くりきんとん、ぎんこういん、にんぷさん、
せんにん、にせんにん、せんえん、にせんえん、さんぜんえん、
じんぞうにんげん、じぶんのかんがえ、
みんなででっかいかんばんをはこぶ……

3 イラストも書いてねとリクエスト

よんばん
（小林）

カンニング

（原口）

（岸本）

てんせん

（小林）

（未悠）

教室ではこんな工夫で

●新学期早々の二年生の教室で、「ん」が二つ以上入っていることば（単語）を見つけよう、ともちかけてみました。すると、上のようなことばがつぎつぎに生まれました。

●思いついたことばをプリントに書いて、ついでにイラスト（絵）もね、と声をかけました。すでに発表されたことばを書いている子も少なくなかったのですが、自分ひとりで見つけた子のことばとイラストに感心しました。

●「○ん○ん」の四文字ことばがたくさんありそうなので、左のようなプリントをつくり、別の学級で二十分ほどで挑戦してもらいました。わいわい相談し交流しながら、楽しくできました。

みんなでいっせいに言ってみよう

⑫ 「○んち」ことば

はじめに、黒板に「○んち」と大きく書き、○に一文字入れてできることばをさがします。そのあとプリントに十個ほど書きます。

ここまでは十五分ほどでできる授業です。

さらに、書きだしたことばをつないだ文づくりへと発展できます。

1 「○んち」ことば――三年生の教室で

・おんち、らんち、ぱんち、ぴんち、べんち、うんち、だんち、みんち（二十人以上があげたもの）
・でんち、かんち、せんち、ぺんち、じんち、さんち（十人〜二十人）
・いんち、げんち、とんち、ばんち、たんち、めんち（十人以下）

2 見つけたことばでフレーズづくり

ベンチでランチ、ベンチに（を）パンチ、ベンチに（で）うんち、だんちのじんち、だんちをパンチ、だんちでランチ、カンチにパンチ、カンチがピンチ、カンチがおんち　＊カンチはゲームのキャラクター

3 イメージしてみよう

ピンチでパンチ【元ボクサー】　でんちがピンチ【おもちゃが動かない】
うんちがランチ【ふんころがし】　ミンチにパンチ【ハンバーグづくり】
ベンチでピンチ【釘が出ていて服がびりびり】
カンチにパンチしてランチタイム【ゲームにそんな場面があるの？】
でんちでうたう、おんちなうんち【うんちの形をした歌うおもちゃ】
げんちでランチをたべる【バスツアーかな】

教室ではこんな工夫で

●「○んち」と黒板に書いて問いかけて、「うんち」とおさえた声が聞こえてきたところで、みんなが考えたことばを言ってみようと、いっせいに声にだして言ってもらいます。そのあと、いま言った以外にどんなことばがあるか考えて、プリントに書いてもらいました。カタカナで書いてもいいよ、ゲーム・キャラクターもいいよと伝え、思いついたらどんどん書いてもらいます。

●プリントを集めて確認したところ、子どもが書いた「○んち」ことばは、全部で二十個あまりでした（カタカナで表記している子もたくさんいましたが、上の①では、ひらがな書きにしました）。

●書きだしたことばをつないだ文づくりでは、予想以上にさまざまな文やフレーズができ、あれこれとイメージがふくらみます。③の【　】内はわたしが思いついたイメージです。ほかにもいろいろな場面がうかぶことでしょう。

⓭ ひともじ図鑑

　ふだんのおしゃべりや作文のなかではなかなか気づきませんが、ひらがなでのことば遊びに取り組んでいると、一音・一文字だけで意味のあることばの存在を意識できます。しりとりでことばをさがすときや、「だんだんことば」（次ページ）の最初の一字を考えるときなどです。

　そこで、一文字のことばを意識的にとりあげて、五十音表を見ながらさがすという遊びはどうでしょうか。

　え（絵・柄）、か（蚊）、き（木・気）、す（巣・酢・洲・素）……など、みんなでたしかめてから、さらに見つけっこをします。

　見つけっこにあきたら、準備しておいた用紙に、見つけたことばと絵を思い思いに書くことができます。二年生の教室で、三十分ほどでできる遊びです。

　絵は、見つけたことばの表象（イメージ）ですから、同じことばでも、一人ひとり認識が違っていることがよくわかります。これがじつに興味深いのです。論より証拠、いくつかの作品を紹介しながら説明していきましょう。

　たとえば「き」は、「木」ととるか「気」と考えるか、「す」は「酢」か「巣」か、「ひ」は「日」か「火」か。授業では漢字表記もオーケーにしましたので、ひらがな書きと両方がありました。

　同じことばの絵の違いに注目してみましょう。「は・歯」は、一本の虫歯の絵と、上下に並んだ虫歯のある歯。「め・目」は、目を指さしている子と、一つだけの目。「え・絵」はどうでしょう。描いている人やキャンパスがかいてあるものと、枠を画面と見立ててかかれた絵。一つのことばへの認識って、こんなに違うんですね。絵として表象化されると、はっきりわかります。だから、人間たがいに話が微妙にくいちがったり、誤解を招いたりするのでしょうか。

　そのほか、よく気づいたねと思えるような一文字ことばの絵もありました。拗音の「ちゃ・茶」を選んだもの。スペースの都合で下にはあげられませんでしたが、目玉焼きの黄味が着色してある「き・黄」、ひざの部分が赤で着色された「ち・血」などです。「べ」（べろの絵）や「じ・字」もうまくかけていました。「へ」のイラスト、おもしろいですね。「み・実」はぶどうを描いています。好きな果物でしょうか。

（かまが）

（かきおか）

（おび）

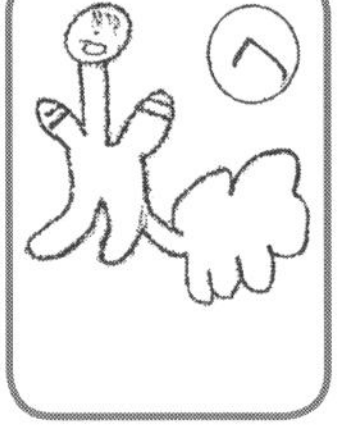

（まつもと）

（いのうえ）

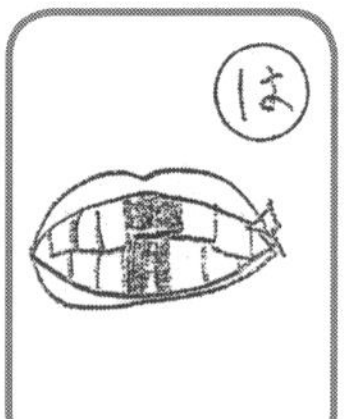

（いのうえ）

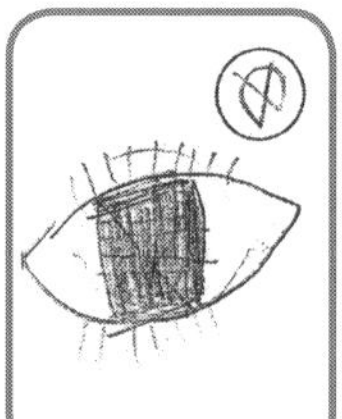

（たかまつ）

（やこう）

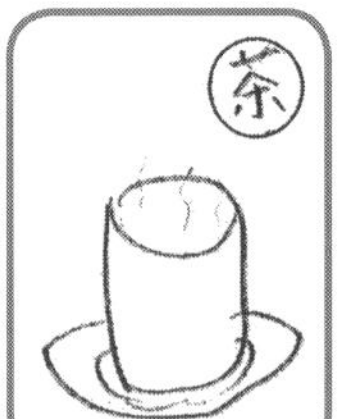

（やすはら）

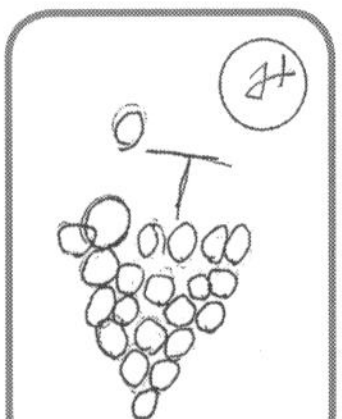

（もとじま）

「か・から・からす」に絵もそえて

14

だんだんことば①

五味太郎さんの『絵本ことばあそび』（岩崎書店）に出ている遊びです。同じ音ではじまる一音のことば、二音のことば、三音のことばを見つけます。まずは三段でやってみましょう。何年生でも楽しめます。

1 一音の意味あることば

は

2 一文字ふやして二音のことば

は
はな

3 さらに一文字ふやして三音のことば

は
はな
はなち

（りん）

六年生の作例

二年生の作例

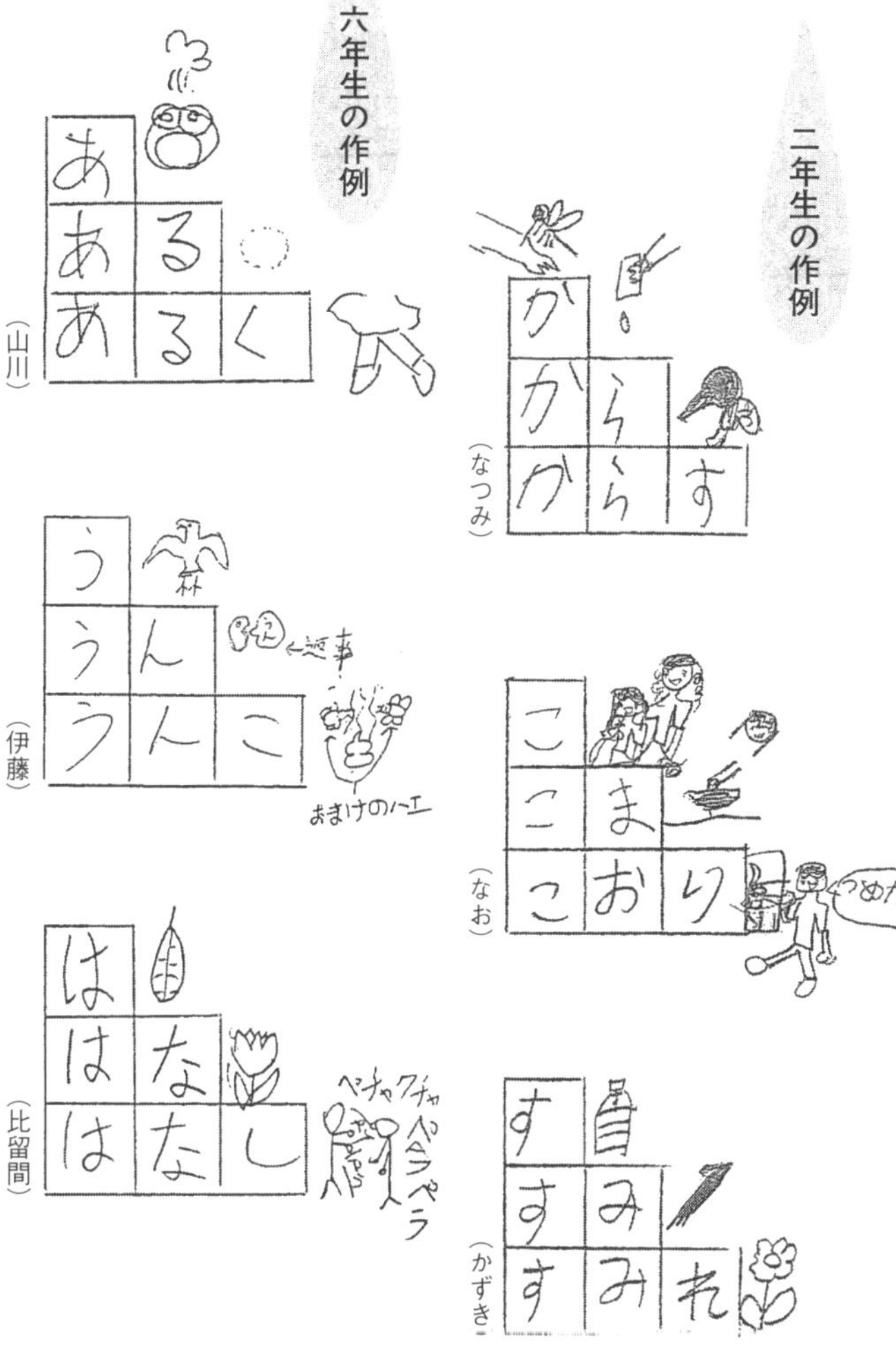

教室ではこんな工夫で

●三段のマス目を十二セット書いたB４判の用紙を準備し、配ります。つぎに、黒板でいっしょに遊び方を確認します。

●はじめに一文字のことばを書きます。よく考えると、一音（一文字）でも、かなりの音に意味があります。つぎに、その一音からはじまる二音のことばを考え、さらに一文字たして三音のことばを考えます（五味太郎さんは、五段までの作品を絵本に載せています）。

●さらに、ことばの横にイラストを書き添えます。これも、五味さんの絵本にならったアイデアです。目には見えない抽象語にどんなイラストがついてくるかが見どころです。

●ことばをたくさん思い出せるかどうかですから、学年や年齢にかかわらず楽しめます。思いついたことばやイラストのおもしろいものを選んでみたのが上の作品です。

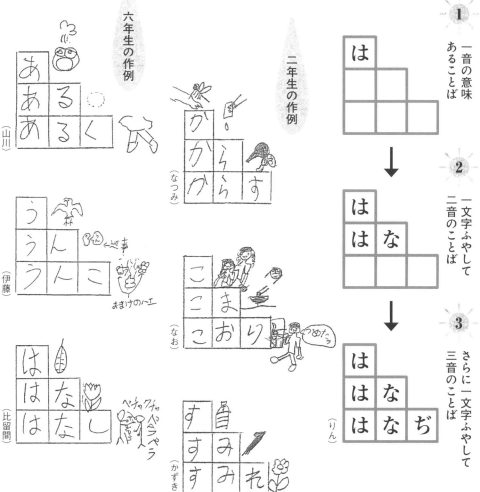

たのしい辞書引きレッスンにもなる

15

だんだんことば②

はじめの二音が同じことばを見つけて、文字数が「だんだん」になるように仕上げます。はじめの二文字も、意味のあることば（単語）になるようにしましょう。「○ん」ということばは使いやすいですよ。思いついたらどんどん書いてみましょう。カタカナことばや短い文になってもかまいません。

「銀・銀座・銀行・銀河系」のように、頭が同じ漢字ばかりにならないことばをさがすのがポイント。

1

きん

2

きん
きんし

3

きん
きんし
きんにく

4

きん　菌
きんし　禁止
きんにく　筋肉
きんめだる　金メダル

（越智）

あん　案
あんこ　あんこ
あんこく　暗黒
あんこーる　アンコール
あんぜんせい　安全性

いん　印
いんこ　インコ
いんちき　いんちき
いんてりあ　インテリア

せん　線・千
せんか　戦火
せんきょ　選挙
せんちゃく　先着
せんめんじょ　洗面所

（越智）

そん　損
そんな　そんな
そんけい　尊敬
そんちょう　尊重

（川口）

かく　書く・画・核
かくど　角度
かくだい　拡大
かくしごと　隠し事・書く仕事
かくせいざい　覚せい剤

（須田）

この遊びは、国語辞典の使い方を学んだあとに、ことばをさがすレッスンとしてやるとよいのではないでしょうか。辞典には、はじめの二文字がそろっている単語が並んでいるからです。

からし・はぶらし・うさばらし…

16 しりあわせ

最後の二文字が同じ音になることばをさがしてみましょう。

たとえば「かん」なら、「やかん、みかん、じかん、けいかん、あきかん、としょかん、すいぞくかん、みずようかん」などが見つかりますね。

そのなかから三つくらいを選んで、並べて読んでみましょう。

字数がだんだん多くなるように並べると、調子よく読めます。

トーマス　ニジマス　クリスマス

かせい《火星》　ようせい《妖精》　おっとせい

とかい《都会》　まんかい《満開》　おせっかい

はなし《話・歯なし》　ようなし《洋梨・用なし》　ろくでなし

からし　はぶらし　うさばらし

ダブル　トラブル　ワンダフル

この遊びも、共通する二音ができるだけ違う漢字や意味になるように並べるのがポイントです。

すべて同じ漢字になってしまう例は
- みかん、いよかん、なつみかん（柑）
- かにかん、しゃけかん、アルミかん（缶）

などです。

ワークシートを使って

三年生の作例

- しょうたい（正体）　ほうたい（包帯）　いたい（痛い）　たい（鯛）（越智）
- きょうだい（兄弟）　こうだい（広大）　まだい（真鯛）　だい（台・題）（高松）
- ぶんかさい（文化祭）　しんさい（震災）　くさい（臭い）　さい（サイ）（筒井）
- ほくとのけん（北斗の拳）　しむらけん（志村けん）　ぎふけん（岐阜県）　しけん（試験）　けん（県・券・剣）（高松）
- すってんてん（スッテンテン）　ひゃくてん（百点）　なんてん（南天・難点）　こてん（古典・個展）　てん（点・天）（佐藤）

「くち」から「ぐち」が、「てんち」から「でんち」が！

17

〈すむ〉と〈にごる〉

濁点をつけたり、とったりすることで、意味が変わります。そんなことばをさがしてみましょう。

二文字のことば

うし……うじ　せみ……ゼミ
ひる……ビル　あさ……あざ
こけ……こげ　いか……いが　かく……かぐ

三文字のことば

めいし……めいじ　キャラ……ギャラ
いかん……いがん　アイス……あいず
はいく……バイク　てんち……でんち
ヒール……ビール　ホール……ボール
しこく……しごく……じこく……じごく

四文字以上のことば

へんしん……へんじん　かんたん……がんたん
ほうそう……ぼうそう　たいへん……だいべん
ハイキング……バイキング

教室ではこんな工夫で

●外来語でない三文字ことばの多くが、また四文字ことばのほとんどが、漢字で書ける熟語です。めいし（名詞・名刺）—めいじ（明治）へんしん（変身）—へんじん（変人）かんたん（簡単）—がんたん（元旦）ほうそう（放送）—ぼうそう（暴走・房総）、など。

●また、二文字ことばは、つなげると、さらに別の意味をもつ副詞などになることがあります。くち・ぐち—くちぐち（に言う）こま・ごま—こまごま（した荷物）

●ところで、よく知られた狂歌（五・七・五・七・七）があります。二首ご紹介します。「はけ」と「はげ」、「ふく」と「ふぐ」、「とく」と「どく」を折り込んでつくってあります。

世の中は澄むと濁るのちがいにて
はけに毛があり　はげに毛がなし

世の中は澄むと濁るのちがいにて
ふく（福）にとく（徳）あり
ふぐにどく（毒）あり

「あに」が「あおおに」に変身します

18

ことばのサンドイッチ

二文字の単語のあいだに一、二文字をはさみこんで、違うことばを導きだす遊びです。思いがけないことばができますよ。こうしてできた二つのことばをじょうずに使って、短いフレーズをつくってみましょう。フレーズにすると、いっそう思いがけないイメージが生まれます。

1 ことばのあいだにサンドして

さら

- く……さくら
- は……サハラ
- わ……さわら
- かぐ……さかぐら
- ような……さようなら

あめ

- や……あやめ
- おう……あおうめ
- たた……あたため
- たり……あたりめ
- きら……あきらめ
- かる……あかるめ
- なう……あなうめ

2 できたことばでフレーズづくり

四年生の作例

いぬは、いらぬ。

ほんをほかんする。

かみをかがみで見る。

けんでけっかんを切る。

みちにみつばちがいた。

いとのイラストを書く。

リスがリラックスする。

かじというかんじを書く。

ゴミのかすをからすが食べた。

あには、じつは、あおおにだった。

みずをのむみみず

あおいあさがお

つきの形のつみき

かんジュースのかんばん

タマころがしをするダルマ

あることばから違うことばを導きだすこうした技法は、平安時代の和歌にも使われているそうですよ。

「ねこ」を「ねっこ」に、「スパイ」を「すっぱい」に

19 「っ」はさみサンドイッチ

はさむ文字を促音の「っ」だけに決めたらどうでしょうか。
ひらがなのことばがカタカナに変わったりすることもあります。
また、二文字だけではなく、三文字のことばにもサンドすることができます。

1 二文字のことばにサンド！

まと→マット　きく→キック　ばく→バック　いか→いっか
まく→マック　どく→ドック　なつ→ナッツ　ひと→ヒット
せき→せっき　ソチ→そっち　ぶし→ぶっし　はか→はっか
ねこ→ねっこ　がき→がっき　タグ→タッグ　バグ→バッグ

2 三文字のことばにサンド！

いかく→いっかく　あさり→あっさり　スパイ→すっぱい
まくら→まっくら　バター→バッター　せかい→せっかい
しかく→しっかく　かこう→かっこう　せけん→せっけん

3 できたことばでフレーズづくり

- いかの一家が海をとぶ
- スパイがレモンをかじって、「すっぱい！」
- あっさり味のあさりのみそしる
- まっくらなへやでまくらなげ

教室ではこんな工夫で

●このサンドイッチは、あべこべ（逆方向）に遊ばせることができます。つまり、「ねっこ」の「っ」を取って「ねこ」にするのです。（同様に、24ページの「〈すむ〉と〈にごる〉」では、「はげ」の濁音を取って「はけ」にする、27ページの「ひと文字のせて」では、「たわし」から「た」を取って「わし」にするという遊び方ができます。）

●できた二つのことばの意味を考えていると、さまざまなイメージがわいてきませんか。わいてきたところで、二つのことばを使って、一つの文（フレーズ）にする遊びに展開できます。

あたまに1文字のせるだけで別世界

20 ひと文字のせて

二文字以上のことばのあたまに一文字のせて、変身させます。サンドイッチでいえば、オープンサンドですね。たとえば、「わし」に一文字のせると、「たわし」「いわし」「まわし」などに変身します。意味のかけはなれたことばを考えるのが、この遊びのおもしろさであり、ポイントです。

いじ→めいじ　　いしょ→さいしょ
いと→サイト　　いじん→らいじん
うす→マウス　　いせき→あいせき
えき→うえき　　おもり→あおもり
がき→はがき　　くらい→らくらい
かげ→とかげ　　くじょう→りくじょう
かんしゃ→きかんしゃ　　コップ→スコップ
かた→みかた　　ティー→シティー
きす→あきす　　ていか→かていか
きし→れきし　　にがみ→しにがみ
ビル→あびる　　まくら→かまくら
ビル→デビル　　リンス→プリンス
イオン→ライオン　　レンジ→オレンジ
いかく→ないかく　　いさん→けいさん

教室ではこんな工夫で

●「うし」を「こうし」に、「くすり」を「めぐすり」にしても、意味があまり変わりません。こうしたタイプは、イエローカードとして遊んでもいいかもしれません。

●遊んでもらっているうちに、「かい・かん・たい・さい」ということばや「――る」と書く動詞には、多くの一文字をのせることができることに、子ども自身が気づきました。「かん」だけを変身させていた子でした。さらには、そこでできた「さかん・やかん・みかん・よかん・くかん」などの三文字ことばのあいだに、一文字サンドイッチで文字を入れると、「さんかん・やまかん・みんかん・ようかん・くうかん」などと変身させられることがわかりました。

●「ひと文字のせ」は、CMコピーにもよく使われます。「くもん・いくもん」がこれです。蛍光灯のコマーシャルに「かるい・あかるい」というのもありました。

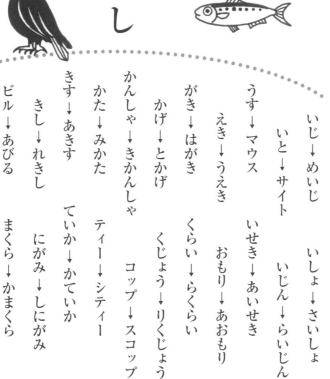

21 ことばの中のことば

愉快な夜想曲　　織田道代

みみずに
みみは
あるのかな

おおかみに
かみのけ
あるのかな

あめだまに
めだま
あるのかな

デコレーションケーキに
おでこ
あるのかな

かたつむりに
かた
あるのかな

うでたまごに
うで
どうだろう（後略）

声にだして読もうという趣旨で編集された『しゃべる詩　あそぶ詩　きこえる詩』（波瀬満子編、冨山房）という詩集には、たくさんのことば遊びの詩が掲載されています。そのなかに、織田道代さんの「愉快な夜想曲」という上の詩があります（織田道代『ことばじゃらし』踏青社所収）。とちゅうまでを転載しました。

この詩の音読を聞いてもらってから、「こくばんのなかに（こばん）がある」と黒板に書きます。「これ、さっきの詩と同じように書いてみたんだけど、わかるかな？」とたずねますと、説明できる子が挙手します。

遊びの仕掛けがわかったところで、いくつかのことばで練習してから、用意しておいたプリントを渡して、「さあ、やってみようか」。

はじめての試み・授業でしたので、ちょっと冷や汗ものでした。でも、子どもはそんなことはおかまいなしで、どんどん書き、お気に入りのひらめきを遠くの席の子にまで聞かせていました。ひらめき・発見の交流、遊びの渦ができたような活気に圧倒されました。

生まれたひらめきを紹介します。

しんぶんのなかに　ぶんがある
かみのけのなかに　かみがある
れいぞうこのなかに　ぞうがいる
ししまいのなかに　しまいがいる
うんちのなかに　うちがある
ふんころがしのなかに　ふがしがある
しゃしんのなかに　ししがいる
たばすこのなかに　たばこがある
けしごむのなかに　けむしがいる＊
かんじのなかに　じかんがある＊
みるくのなかに　くるみがある＊

いくつかの文字を選んでことばを見つける遊びですから、「ふでばこ」の「ふで」、「けしごむ」の「ごむ」のように、もとのことばと同じ意味ではおもしろくありません。連なる文字をとりだした場合でも、「おにぎりのなかに　おに」のように意味が違えばイメージが広がります。また、順序を変えて文字を拾ったり、逆に読んでみると意味のあることばになることがあります（＊印をつけた文はその例です）。

これらのフレーズは、さまざまにイメージを広げてくれます。「うんちのなかに　うちがある」からは『ファーブル昆虫記』のスカラベの話が連想できますし、「かんじのなかに　じかんがある」からは、漢字の長い歴史、白川文字学の世界を考えてしまいます。「れいぞうこのなかに　ぞうがいる」は、ちょっとした童話の種のように思えてきます。

きらきら砂浜、ぎらぎら太陽

22

オノマトペ連想あそび

「きらきら光る」「雨がザーザーふっている」「そっと玉手箱をあける」など、擬音語や擬態語を使った表現が、日本語にはたくさんあります。擬音語や擬声語、擬態語とは、音や声や様子をまねして表すことばです。フランス語では「オノマトペ」といいます。遊んでみましょう。

1 オノマトペから連想したことばを書いてみよう

きらきら……ダイヤ
ザーザー……雨
そっと……ひとりごと
ゆったり……おんせん
むにむに……スライム
くりっと……おめめ
すりすり……ほっぺた
つるつる……石けん
はふはふ……やきいも
ひりひり……やけど
くっきり……ふじ山

2 オノマトペを清音と濁音で！ 連想することばをくらべてみよう

かんかん……日でり
がんがん……ビール

くらくら……頭
ぐらぐら……心

はらはら……ワイドショー
ばらばら……さつ人

きらきら……すなはま
ぎらぎら……たいよう

3 できたことばでフレーズづくり

- そっと　ママがひとりごと
- ゆったり　サルがおんせんに
- あついヤキイモを　はふはふ
たべる

教室ではこんな工夫で

●二年生の教室で遊んでみました。「きらきら」からは、たとえば「ダイヤモンド」「きんか」「夜空の星」などが連想できます。上に紹介した遊び方では、「光る」ということばを書かずに、連想した名詞だけを書きます。そのあと、書いたことばを使って、短い文をつくります。

●濁音をつける「ことばの変身術」は、五味太郎さんが『絵本ことばあそび』のなかで、イラスト入りの作品を書いています。たとえば、「きらきら」と「ぎらぎら」では、少し印象が違いますね。その違いを考えながら、うまく書きくらべてみましょう。

ことばさがしから対句表現へ

反対ことば

23

二年生の国語の教科書で、「あつい」「さむい」などの反対語がとりあげられています。反対語といえば、対句表現。これをやってみましょう。まず、反対ことばを書きだして、そこから文やフレーズをつくります。

1

反対ことばさがし

まず、意味が反対のことばをあげてみましょう。たとえば、つぎの七つ。

「広い」「大きい」「はじまる」「買う」「前」「右」「あつい」

反対の意味のことばはなんでしょうか。

順に、「せまい」「小さい」「おわる」「売る」「後ろ」「左」ときて、最後の「あつい」には、三つの反対ことばがあります。「つめたい」「さむい」「うすい」。どれを考えましたか？

2

対句表現の文とフレーズづくり

このような反対ことばの組（ペア）を書きだしてから、「広い校庭、せまい教室」「ぞうは大きい、アリは小さい」のように、対句になるような文づくりをしてみましょう。

二年生の教室で取り組んでもらいました。

子どもたちの作品を下にご紹介します。

二年生の作例

- ぞうは新しい、マンモスは古い。
- 今は新しい、むかしは古い。
- ちきゅうはおもい、空気はかるい。
- カビゴンはおもい、ピカチューはかるい。
- レベル100は強い、レベル2は弱い。
- 土星はかたい、うんこはやわらかい。
- かたいおせんべい、やわらかい肉まん。
- マルチーズの毛は長い、バグの毛はみじかい。
- さむいれいぞうこの中、あついオーブンの中。
- あついコーヒー、つめたいアイス。
- 明るいはげあたま、くらいはなのあな。
- ほそい体、ふといまつげ。
- 高いグッチ、安いだがし。
- あまいわたがし、にがいまっちゃ。
- あまいピカチューケーキ、からいポケモンカレー。

授業参観・むかいスペシャル

50音表からことばさがし

ん	わ	ら	や	ま	は	な	た	さ	か	あ
	（い	り	（い）	み	ひ	に	ち	し	き	い
	う	る	ゆ	む	ふ	ぬ	つ	す	く	う
	え）	れ	（え）	め	へ	ね	て	せ	け	え
	を	ろ	よ	も	ほ	の	と	そ	こ	お

この授業は、一九九〇年ごろから十回近く授業参観で試みてきたものです。たいてい活気に満ちた展開になります。声を出したり、考えたりしながら、子どもとのやりとりを楽しめます。

表情をつけて読んでから、ことば見っけ！

❶―声を出す練習をします。風船の形を黒板の右端に書き、「この風船を飛ばしましょう」と言いながら、チョークで左側に線を書いていきます。「線にあわせて声を出そう」と、線を上下させたり、波線にしたりします。それにあわせて、みんなで声の大きさや高さなど出し方を変えるのです。点線を書いたり、回転させたりもします。どんな発声になるのかはお楽しみです。三回ほどやったら、つぎに進みます。

❷―黒板をきれいにして、「あいうえお」とたて書きします。すべての行を書いて五十音表に仕上げますので、そのつもりでスペースを考えます。書けたら、「では読んでみましょう」と、いっせいに読んでもらいます。「うーむ、まじめでおもしろくないね……。先生のまねをして読みましょう」と言って、「あいうえお」をさまざまな表情をつけて読みます。身振りも交えながら五、六回読んだら、つぎつぎと行を変えて読んでいきます。読んでいるうちに、わたしも子どもも体が自然に動いてきます。

❸―読むのに飽きたかな、こっちもくたびれたなあと感じたところで、「ん」まで仕上げた五十音表の上下・左右・斜めの隣りあわせで文字をつなげて単語を見つける遊びに展開します。はじめは二文字の単語が、つぎつぎに発表されます。見つかったところを〇で

囲んでいきます。

そのうち、三文字の単語を見つける子が出てきます。チョークの色を変えて囲みます。出てこなかったら、「三文字もあるんだけど……」と水を向けます。

❹—やがて定刻になりますから、最後は、○がいっぱい交差した五十音表を、読みながら黒板ふきで少しずつ消していき、おしまいにします。

授業のてがかりとポイント

さまざまな表情で読むところ（❷）は、ことば遊びの舞台パフォーマンスをされていた波瀬満子《はせみつこ》さんの「日本語のおけいこ」（谷川俊太郎・作詞）や「あいうえお体操」の音読の雰囲気をかなりまねさせてもらっています（CDやビデオにもなっています）。各音を伸縮自在に、音程も上下させて読み、泣き声や笑い声、幽霊の雰囲気など、各行の音の質感にあわせて、思いつくままにやります。

たとえば、「かきくけこ」は、「カキ・クケコ」と名前みたいにしたり、「柿食う稽古」としたり。「さしすせそ」はユウレイっぽく、「はひふへほ」は笑い声で、「まみむめも」はガムをかんでいるように、「らりるれろ」は巻き舌で……などなど。

また、これは最近発見したことですが、「おえういあ」とさかさまに読んでみたり、「あいうえお・おえういあ」と続けて一気に読んだりもできます。この一気読みは、読んでみたい子に早口ことばのようにやってもらいます。これがおもしろいのです。つっかえると笑いあい、うまく読めると拍手が起こります。

❸の「単語みっけ！」は、仕上がった五十音表のタテ・ヨコ・ナナメで、向きを問わず、二、三文字の単語をさがしだす遊びです。これは、大勢の子がハイハイと手を挙げて、いろいろと発表してくれます。あ行のほうから、だんだんと左のほうの行へと視線が移っていきます。そして、上から下、右から左、左から右、下から上へと文字を拾って見つけていきます。斜め下から上へという拾い方でも単語を見つけていきます。

たとえば、「あき」「いく」などは、斜めでもわりあい見つけやすいでしょう。でも、「ふね」「ゆみ」「しか」「よめ」などは、右下や斜め上へとながめることをしないと読めません。けっこう柔軟な思考力が必要です。いえ、思考力というより、ヒラメキでしょうか、見方を変えることですね。

やっているうちに、「ほね」「ひふ」「はな」「いき」「くせ」など身体に関係のあることばや、なんと、「あい」「すき」「えろ」までもが拾えるのです。いわば、〝ことばのまんだら〟とでもいえる気がします。

五十音図は「あい（愛）」で始まり、イロハは「いろ（色）」で始まります。そして、それが和洋・今昔の男女関係のイメージを象徴するかのように語られもするのですが、じつは五十音の図表は、平安時代末には考えだされていたんだそうです。

ところで、三文字のことばですが、低学年でも「ひにち」「ちしき」「あきす」など、五つくらいは見つけられるでしょう。濁音も許可すれば、もっとさがせることでしょうね。

Ⅱ 文が生まれる漢字遊び

学校の漢字学習では、一文字ずつ、読み・意味・筆順などを学びます。そして、熟語や短い文の練習に取り組みます。

ここで紹介する漢字遊びは、漢字を使った文づくりを意識したものがほとんどです。字形パズルとはひと味ちがいます。似ている漢字を使った一文、同じ漢字の音訓作文、熟語でしりとり、漢字なぞなぞ……。漢字を使い、熟語を見つけると、おのずからフレーズや文が連想されます。この章を参考に、ひらがな遊びを漢字バージョンに手直しして遊ぶこともできます。

遊びながら、漢字力・引き出しの点検を楽しみましょう。

❶ 漢字カードで遊ぼう

一年生で学ぶ漢字は八十字です。これを順次カードに書きためていくと、八十枚のカードができます。四つ切りの画用紙を半分に切り、一文字ずつ書いて、裏にマグネットシートを付け、黒板に一枚ずつ貼ることができるようにしておきます。

このカードを使って、いくつかの授業ができます。

1 漢字の当てっこ

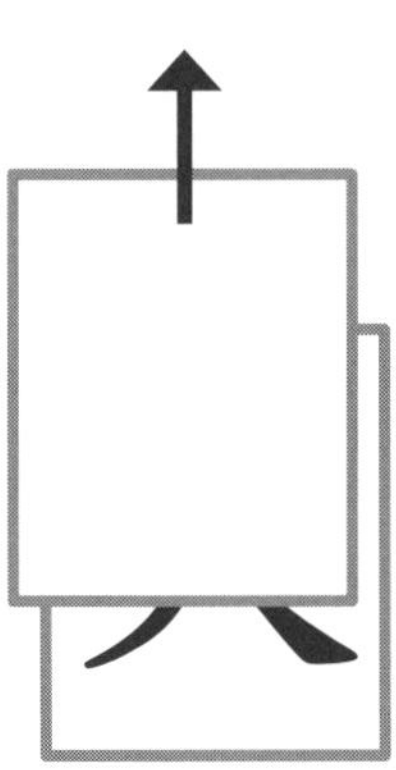

漢字カードの上に白カードを重ねて、文字を隠しておきます。重ねたカードを上のほうにずらして、文字を少しずつ見せて、当てっこをします。

上図のあたりでは、「大・犬・八・天・人・入」などの漢字が考えられますので、子どもたちはつぎつぎに発表してくれます。

なかに「貝」と言う子がいますので、「こんなに（線が）長かったっけ？」とか「最後の画、はらうんだっけ？」などと問い返し、上のカードをもう少し上げて、漢字の形を見せていきます。

下の部分だけを見ると、五つ以上の漢字がある場合と、「夕」「竹」「休」などのように、一枚しか考えられないものとがあります。子どもとやりとりしながら楽しめます。

2 二文字熟語づくり

二文字熟語ができるようなカードを選んで、十枚くらい黒板に貼りだします。「漢字をつなげてことばをつくろう」とうながして遊びます。

「花・犬・子・月・赤・見・学・草」などの漢字で、いくつもの熟語ができます。

発表してもらっているうちに、「の」でつなぐことばや、フレーズにする子がでてきます。熟語づくりがすすめられたら、「ひらがなを入れてもいいよ」と展開します。

漢数字はほとんど使わずにやっていますが、使う場合には、「月・日・本・人」などと合わせると、数え方の学習になります。また、「一日」（ついたち）など、特殊な読みかたをする熟語（熟字訓）の一例にもなります。

こうしてできた熟語をノートに書き、作文するのも楽しい授業になります。

3 漢字のフルーツバスケット

クラス全員で遊べるフルーツバスケットというゲームの応用編です。一年生の漢字にかぎらず楽しめます。

漢字カードをひとり一枚ずつ配ります。フルーツバスケットと同じように、イスを準備します。イスの数は人数分より一つ少ないので、一人だけ立つことになります。内側に教師も入って、漢字にかかわるお題を言います。それに該当する漢字カードを持っている子は、立って別のイスへと動きます。動いた子のうち、だれか一人が残ることになります。

さて、どんなことを言えば、動いてもらえるでしょうか。

- **書き方**……一画目をよこに書く（たてに書く）とか、最後の画をはらう（止める）とか、曲げる画がある、などが考えられます。
- **画数**……「△画の漢字！」といえばOK。四、五画になると、多くの子が、手元のカードの漢字をなぞって確認します。
- **漢字のなかの漢字**……たとえば、日・口・田などの形が入っている漢字。
- **分解**……左右または上下に分けられる漢字。つまり、偏（へん）＋旁（つくり）、冠（かんむり）＋脚（あし）の漢字かどうか。
- **使われ方・種類**……曜日の漢字、学校に関係ある漢字、自然のものを表す漢字、人の体を表す漢字など。

ほかにも、読み方や音読み・訓読み、数詞になる漢字などが考えられます。思いつかなかったら「漢字バスケット！」と言えば、全員が動くことになります。

四年生くらいでも復習をかねて遊べるでしょう。

ゲームを終えたら、「友だちのカードとあわせて、熟語をつくって持ってきて」と言って、カードを組み合わせながら回収します。なかなか熟語ができずにいる子たちといっしょに考えるのも楽しいものです。

＊この漢字カードをトランプくらいの大きさでつくって、子どもどうしで遊ぶことができます。いろいろなゲームが考えられるのではないでしょうか。

❷ 新出漢字でこの一文！①

漢字がつぎからつぎへと教科書に出てきます。新出漢字といいますが、これは「進出」であり「侵出」でもあり……などと漢字に悪態をついていてもはじまりませんし、漢字は日本語の表現力にとって欠かせないものです。

これらの漢字を少しでもおもしろく教えよう、学んでもらおうと、市販のドリルやスキル教材での学習のあと、「この漢字を使うことば」を発表してもらいます。一、二年生ですと、同音語のシャレになることば（つまり別の漢字のことば）が大まじめに発表されます。

「間《カン》」を習ったときには、カンヅメ、カンチョウ、ヨウカン、チカン……なんてぐあいになりました。そのたびに、「このカンは、こう書く」と、知っている範囲で黒板に書きますが、めんどうになりますと、「カンと読む漢字は、三十も四十もある！」などと言っておきます。

わたしも子ども用の辞典を見ながら、こういうことば（熟語）もあったかと、勉強しながら授業しています。「人間」と書いたところ、地名をよく発表する子が、すかさず「いるま」（入間＝埼玉県にある地名）と言い、「ちょっと違っても大違いだねえ」という話にします。そういえば、「人口」と「入口」、「王子」と「玉子」、「一人」と「一入（ひとしお）」などという、見た目がよく似た熟語も……。

あるていどすすめたところで、練習用のプリントを作成します。作文できる欄をかならずつくり、宿題にしたりなどしています。気に入った文には○や◎をつけて返します。そして、ときどき学級だよりに紹介していました。

わたしが気に入った文、おもしろいと思う文は、習った漢字を二回使った文や、その子らしい内容の表現、思いがけないフレーズになっているものなどです。おもしろさの違いは、とりあげた漢字・熟語によって差がありますが、概して抽象的なものを表現する漢字のときに、「おおっ」「ドキッ」と思わせる文が書かれることが多いように思います。

二年生の教室で生まれた文を、学級だよりから拾ってみました。広告コピーになりそうなものがありませんか？（傍点がお題の漢字です）

心をさわっている。（石森）

一人じゃ心ぼそい人。（小林）

心があん心。（佐藤）

きょうのもくひょうは、「心をきずつけないようにきをつけよう」です。（星）

みどり色をグリーンにする。（松本）

九千色をつくる。（河村）

頭でかんじをおもいだした。（青木）

一時間目がふこう。（前田）

一週間がなんかいもくる。（鈴木）

❸ 新出漢字でこの一文！②

いわゆる学年別配当漢字は、三・四年生で急に多くなります。一年生が八十字、二年生が百六十字、三年生と四年生が各二百字、五年生が百八十五字、六年生が百八十一字です。

市販のドリルでは、熟語だけではなく、かんたんな文をくり返し練習するようになっていたりします。覚える漢字や熟語だけをノートに一行ずつ書く練習法もあります。しかし、課題になっている漢字・熟語を使って、ドリルとは違う文を書くようにすると、文づくりの楽しさのなかで漢字を学べるのではないでしょうか。

三年生のノートから、思わず◎をつけてしまった文を拾ってみましょう。

けんかを売って、勝負**に負ける**（金子）

神様になってもろくなことがない（橋本）

悲しいときはニッコリわらう（山口）

勉強の**暑苦しさ**（河原木）

暗い中のラブストーリー（柴田）

学習した漢字は、学期ごとに、読み方の違いに分けた練習プリントをこしらえることにしています。たとえば、つぎのように分けることができます。

- 音読みだけの漢字
- 送りがなをつけて読む訓読み
- 送りがなをつけない訓読み
- 一文字で意味がわかる音読み

四年生で習った漢字（△学期）
一文字で意味がわかる音読みの漢字

漢字	読み方	作文しましょう	熟語
愛			
軍			
賞			
漁			
兵			
席			
胃			
陸			

文づくりとは、おおげさにいえば想像力による世界をつくりだすということです。四年生くらいになると、そのおもしろさに気づいた子が、シリーズものを書いてきます。プリント全部の作文に同じキャラクターを登場させたり、同じ種類の動物や道具などを素材にして書くのです。

「送りがなをつけて読む訓読み」のプリントから、「カピバラ」シリーズの文とコント風の作品を拾っておきましょう。

カピバラが**低い**声で日本語を**話す**。
カピバラが**清らかな**水を**飲む**。
カピバラがライオンを**囲む**。
カピバラが**固い****大きな**岩をわる。（両角）

行いを**改めて****見直す**。
悪いことしたなあ～
清らかな水で**書く**。すみがない！
シャワーを**浴びる**。**冷たっ**！
水じゃん！
静かな教室。シーン。さみし～（大崎）

4 似ている漢字でこの一文！

もうすぐ三年生になる二年生の教室で、こんな試みをしました。

これまでに学習した一年生・二年生の漢字を思い出しながら、また教科書を見ながら、「似ている漢字」を二、三個さがして、プリントに書きだします。その漢字を使って、短い文づくりをします。

にている漢字さがし	
漢字	作文しましょう

「似ている」という認識は、低学年の子どもにとってはもっぱら形が似ているかどうかですから、部首が同じ漢字や、画を少し足し・引きすると同形になるような漢字が選ばれます。高学年になると、読み方が似ているという認識も生まれるのではないでしょうか。作例を見てみましょう。

九・丸

丸いだんごを九こ作る。（ことみ）

王・玉・国

王さまが外国で玉入れをする。（るか）

毛・手

かみの毛を手でぬく。（あつひろ）

毛糸の手ぶくろをかす。（けいすけ）

白・百・首

百万円の白い首（えり）

白い首のひとが百人（かずひと）

夕・多

夏は夕がたが多い気がする。（ひるみ）

寺・時

寺の時間とふつうの時間はちがう。（きょうへい）

田・男・思

田んぼで男の人が、やさいはだいじだと思う。（しゅか）

頭・顔

頭のなかにしわ、顔のなかにのうみそ（なつき）

地・池

地きゅうの池であそぶ。（りえ）

地ごくの魚と池の魚（たかし）

新・親

新品のものを買う親（さつき）

新しくなった親（りこ）

新一年生になる子の親が、新しいふくをきる。（くるみ）

週・近・道・通

毎週、近道を通る。（はるき）

近・道・遠

近道は遠い。（ゆり）

電・雲・雪・雨

電車にのっている時に、雲が出てきて雪と雨がふってきた。（るか）

どんなことを考えたのかはわかりかねますが、「近道は遠い」や「頭のなかにしわ、顔のなかにのうみそ」などは、なんだか哲学的な……って気がしませんか。

5 同じ漢字の音訓作文

□波堤《てい》で、荒《あら》波を□《ふせ》ぐ。
□待状を出して、客を□《まね》く。

これは、同じ漢字の音読みと訓読みとで綴られた文を完成させる問題です（五年生）。訓読みの仮名から考えて、同じ漢字を入れるのです。遊びにしてみましょう。問題文にならっての短文づくり、〈漢字音訓作文〉とでもいいましょうか。六年生の教室で、教科書にある「小学校で習った漢字」一覧を参考に書いてもらいました。

大人が教育の義務を果たし、子どもが育つ。（山館）

暗い所で暗記する。（浅沼）

紅茶を飲んだ後、口紅を直す。（山崎）

幕府の黒幕（上野）

「時間厳守」と厳しく言う。（高瀬）

私は、私語をつつしむ。（藤本）

洗剤を使って、くつ下を洗う。（工藤）

別に意味はないけど、別れる。（小池）

冷とう食品は、冷たい。（伊藤）

ドリルでの学習のおりに、この技法で作文するのも楽しいかもしれません。

つぎは、三年生の教室で取り組んだ「音訓まぜまぜ作文」です。

急な坂を急いで登る（もえ）

悪まの悪口（もえ）

町の町長さん、村の村長さん（けんいち）

去年去って行ったさる（ともみ）

君、だれ君だっけ？（ほみ）

空の空気はつめたい（こうた）

運を運ぶ天使（まゆ）

＊三年生の国語教科書（光村図書・下）に「カンジーはかせの音訓かるた」という教材があります（二〇一六年）。この単元を学習し、画用紙を使ったイラストカードを掲示していた学級がありましたので、作品を三点お借りしました。

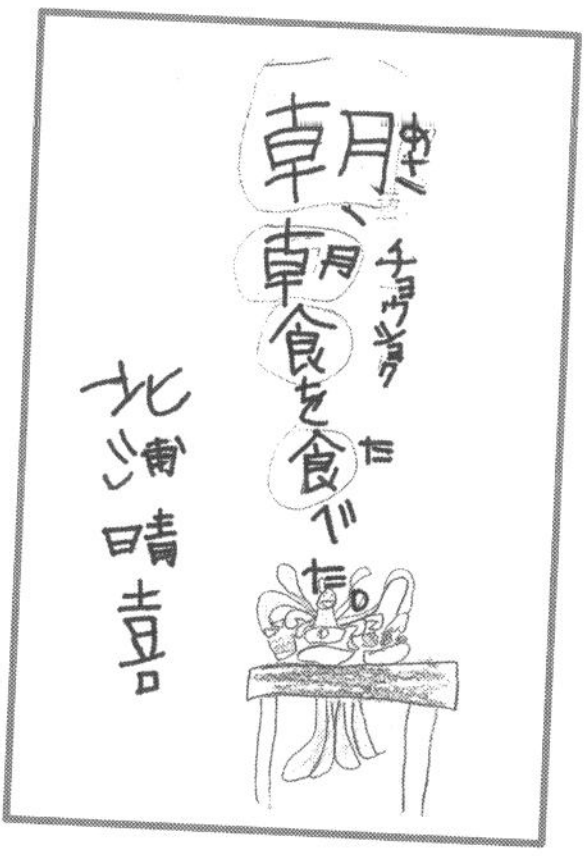

❻ 漢字のなぞなぞづくり

Q　柿の木が女に化けたら何になりますか?

これが漢字のなぞなぞだと見当がつけば、「木へんを女へんにして『姉』だな」とわかります。しかし、多種多様ななぞなぞが収録されている本のなかにこのような問題が交じっていると、あんがいわからないものです。

では、「漢字なぞなぞ」の問題だけを六つとりあげてみます。解いてみてください。どれも、答えは漢字一字です。

① 内がわに人がいるものはなんでしょう

② 水びたしの夜って、なんだ

③ そう庫のやねがふっとんだ

④ 泣き虫がなみだをふいた

⑤ 根っこの木をとって、目をはめる

⑥ 的の白いところが糸になる

答えはつぎのとおりです。

①肉　②液　③車　④立　⑤眼　⑥約

これらの問題から、なぞなぞのつくられ方を考えてみましょう。

漢字の多くはいくつかの部分に分解できますから、そこから発想して、なぞなぞをつくることができます。

①と②は、いわば足し算タイプです。筆順どおりに言っているといえます。反対に、③と④は引き算タイプです。③はマダレを「やね」に、④はさんずいを「なみだ」にたとえてあります。⑤と⑥は、引き算をしてから足し算をする入れ替えタイプです。

漢字なぞなぞがどのようにつくられているか、問題を解きながら子どもたちと考えてから、創作にとりかかります。どの漢字をナゾ・問題にするか思いつかなかったら、教科書の後ろに出ている、学年で習う漢字一覧などを参考にします。

ここでは、四年生のなぞなぞ作品を紹介します。作品の多くは足し算タイプですが、なぞなぞの真骨頂でもある比喩が使われ、なぞなぞらしい表現になっています。下に答えを書いておきます。

- 口が四つに大が一つのおばけ……**器**
- 木の横で父さんがナベのふたをかぶると?……**校**
- 川にボートが三そううかんでいる……**州**
- 王様のほくろ……**玉**
- 口が木を食べちゃった。どうなったかな?……**困った**
- 貝の間にぼうをさしたらどうなるか?……**具**
- 燃えた火がすぐ消えた……**然**
- 森の木がひとつ切られた……**林**
- 福がリに押されてネが消えた……**副**
- 川の横に頭の半分が入っている……**順**

７ 漢字の分解作文

「漢字なぞなぞ」の問題と答えの漢字とをつなげて、たとえば、

内がわに　人が入ると　肉になる

というように書きなおすことができます。

このように漢字を分解して、五・七・五の文句をつくる遊びは、江戸時代の雑排のひとつである「字詰め」「字割り」というそうです。『漢字遊び』（講談社新書）のなかで、著者の山本昌弘さんがご自身の作を披露しています。

字割り（分解型）

粋人は　米を九十回もかみ

拒む手を　見れば何とも巨《おお》きい手

字詰め（組み合わせ型）

王の目で　よく見てほしい　現実を

日曜日　水兵さんは　横浜に

五・七・五にするのはなかなかむずかしそうですが、短い文ならつくることができるでしょう。「内がわに人が入ると肉になる」は、七五調でなくとも「内・人・肉」の三文字を使った短文になりますし、内＋人＝肉の発想でつくることもできます。

二年生の子どもが書いた文を紹介してみましょう。すべて「字詰め」の作品です。

朝…十月十日、朝ねぼうした。（すみえ）

聞…門のすきまから耳に聞こえる声（じゅんや）

岩…山で石をボンドでつけて岩になった。（ひさし）

回…大きい口と小さい口がくるくる回る。（みほ）

切…七日に刀をつかったら、切ない気持ちになった。（けいこ）

早…十日の夜は、早くねる。（としひこ）

早…もう十日、早いなあ。（かずき）

息…自分の心で息をする（りゅうが）

終…糸を冬に使い終わる（ひろな）

化…イヒヒヒーとわらうお化け（たかあき）

❽ 部首ばなし

小学校で学習する漢字は千六字です。これを部首ごとに調べてみました。いちばん多い部首はなんだと思いますか。部首の分類方法は漢和辞典によって少し違うのですが、「にんべん」がもっとも多くて四十四あり、「さんずい」「ごんべん」「きへん」と続きます。次いで「くち（へん）」「いとへん」が三十あまりあります。

では、それをふまえて部首遊びをしてみましょう。遊び方はかんたんです。①同じ部首の漢字を書きだし、②その漢字だけを使って熟語を考え、③その熟語と漢字を使った文づくりをします。一時間の授業として、教室のみんなで遊ぶこともできます。

さんずいを例にとって紹介しましょう。

❶—「さんずいの漢字をさがそう」といわれても、ひとりで思い出せる漢字はかぎられていますから、発表しあって黒板に書いていきます。池・波・浅・流・海・注・深・泳・温・消・清・港・測・漢……。高学年なら、九つのマスでビンゴゲームをするのも楽しいでしょう（次ページに紹介）。

❷—書きだした漢字を使って、熟語や複合語などを考えます。

（例） 清潔、温泉、深海、清流、海流、浅い海、波消しブロック……

❸—これらの熟語と書きだした漢字を使って、「さんずい漢字の文づくり」をします。少なくとも三つの漢字が入った文にしましょう。音読みだけでなく、訓読みにして使うことも考えましょう。

四〜六年生の作文を集めてみました。辞書を使ったので、小学校では習わない漢字もふくまれています。

波の出るプールや流れるプールで泳ぐ。

注意しないで油をつかったので、服が汚れてしまったが、ドーナツができて満足です。

温泉の浴そうは清潔だった。

海水浴に行き、沖に流され、溺れそうになった。

湖で泳いでいたら、溺れて沈んでしまった。

深海魚が海流に流されて、浅い海でつかまった。

浜辺の浅瀬にのり上げ、沈没をまぬがれた漁船。

にんべん編・きへん編ではこんな作文ができました。

仲間といっしょに係の仕事をする。

学校の机の上に名札がある。

林で札束をみつけて機械を買った。

この遊びは、川崎洋さんの左上のような作品をヒントにして考えたものです

⻌《しんにゅう》ばなし

川崎洋

過ちおかした遊びにん
追われて逃げて辻にでた
どの道選ぼうか迷ったが
連ちゅうやいやい迫りくる
進退きわまり
運をてんにまかせて
逆に迎えうったが
迂かつにも辷ってころび
遂につかまったとさ

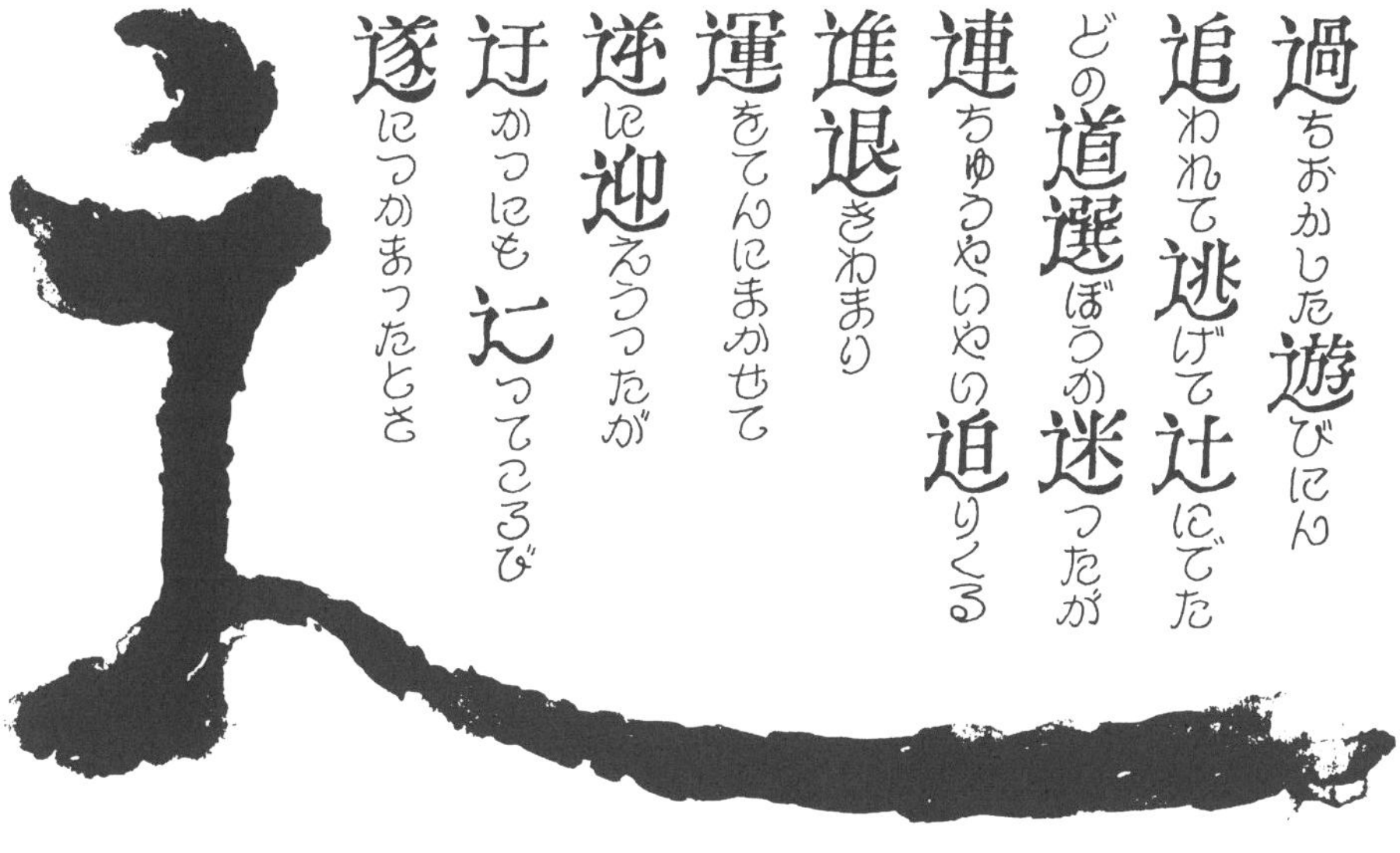

川崎洋「⻌（しんにゅう）ばなし」『イメージの冒険3・文字』所収（カマル社編、河出書房新社）

ビンゴゲームのいかし方――発表のときに

ビンゴゲームはご存知のとおり、マス目を使ったゲームです。見つけた漢字や熟語、ことばを発表をするときにやってみると楽しいですよ。

❶―3×3のマスに各自、見つけた漢字を書き入れておきます。

❷―席順や出席簿順などでひとり一文字を発表していきます（ただし、真ん中のマスの文字は発表できません）。

❸―発表された漢字が自分の手元のマスにあれば、塗りつぶしたり、○をつけたりします。

❹―たて・よこ・ななめのいずれかの列がそろったら「ビンゴ！」。あと一つでそろうときには「リーチ！」。

＊一人がビンゴしたときに一マスもあたっていなかったら、「さかさビンゴ」で大逆転、というのはどうでしょう。

＊特定の部首の漢字さがしのほか、三画で書く漢字さがし、「カン～」と読む熟語さがしなど、さまざまに応用できます。

＊ひらがな遊びでも、もちろん活用できます。ことばさがしで、見つかることばが二十から三十くらいに限られていそうなときにビンゴゲームにしてみましょう。教室の半数くらいがビンゴになったところで、それまで発表されていないことばをたしかめあいます。「キミだけが考えたことばだ！」というのを見つけだそうというわけです。

例・さんずい漢字でビンゴゲーム

消	浅	流
治	決	汽
洋	注	波

↓

消	浅	流
治	決	汽
洋	注	波

リーチが4列

↓

消	浅	流
治	決	汽
洋	注	波

ビンゴが2列＋リーチが2列

9 音読み「かん」拾い

漢字学習をしていると、同じ音で終わる熟語がたくさんあることに気づくのではないでしょうか。とくに音読みの「……かん」や「……こう」などが多そうです。そこで、六年生までに習う学習漢字で、多い漢字の音を調べてみたところ、コウとシが三十あまり、カ、カン、キ、ショウ、セイが二十あまりでした。

　ではと、「ゆうかん」のように、後ろに「かん」がつく熟語さがしをしてみました。六年生で試みたところ、漢字で書いてもらったからでしょうか、「……館」だけを半数以上の子が書いていました。ちょっと説明が足りませんでした。漢字での表記というのは、考える道筋を決めるのかもしれません。

　漢字はそれぞれが熟語をつくっています。いろいろな「……かん」の熟語を書いてもらいました。

感……予感、共感、食感、同感、鈍感、好感、体感、語感、五感

管……試験管、土管、血管、ガス管、気管

官……裁判官、保安官、警察官、教官、司令官

缶……アルミ缶、スチール缶、薬缶《やかん》

間……空間、中間、年間、区間、時間

その他……門外漢、週刊、上巻・下巻・全巻、習慣、交換、むかん（無冠）、みかん（蜜柑）

　熟語をさがしだしたら、文づくりをするのが、漢字遊びの技法です。「ひらがな」「熟語」「作文」の三つを書く手製ドリルで、国語辞典を使いながら挑戦しました（四年生）。

(例)「さんかん」のように、後ろに「かん」がつくことば書き、漢字になおして短い文を書きましょう。

さんかん	参観	○○○○○○○○○○○○○○○

四年生の二人の作文を紹介します。

・きんかん／金環／金環日食を見る。
・みかん／未完／あの本はまだ未完だ。
・へんかん／変換／ひらがなを漢字に変換する。
・おんかん／音感／絶対音感がある人。
・てんちょう／転調／曲が転調する。
・まんちょう／満潮／満潮の時刻がすぎる。
・こうちょう／好調／作業が好調に進む。
（久世）

・せいかん／生還／ふぶきの山から無事生還した。
・おうかん／王冠／王冠をぬく。
・こうかん／好感／好感を持つ。
・いちょう／移調／ハ長調の曲を二長調に移調する。
・いちょう／胃腸／胃腸薬を飲む。
・そんちょう／尊重／人の意見は尊重しなければならない。
（相原）

⑩ 音から発想する漢字遊び三種

Ⅰ章ではひらがな遊びとしての「ことばさがし」をご紹介しました。そのほとんどが、漢字変換する遊びに展開することができます。以下に三種を紹介しておきましょう。

1 ○ん○んことば

これは百聞は一見に如かず、プリント作品を見ていただきましょう。三十分ほどで取り組んだ、四年生の教室での試みです。

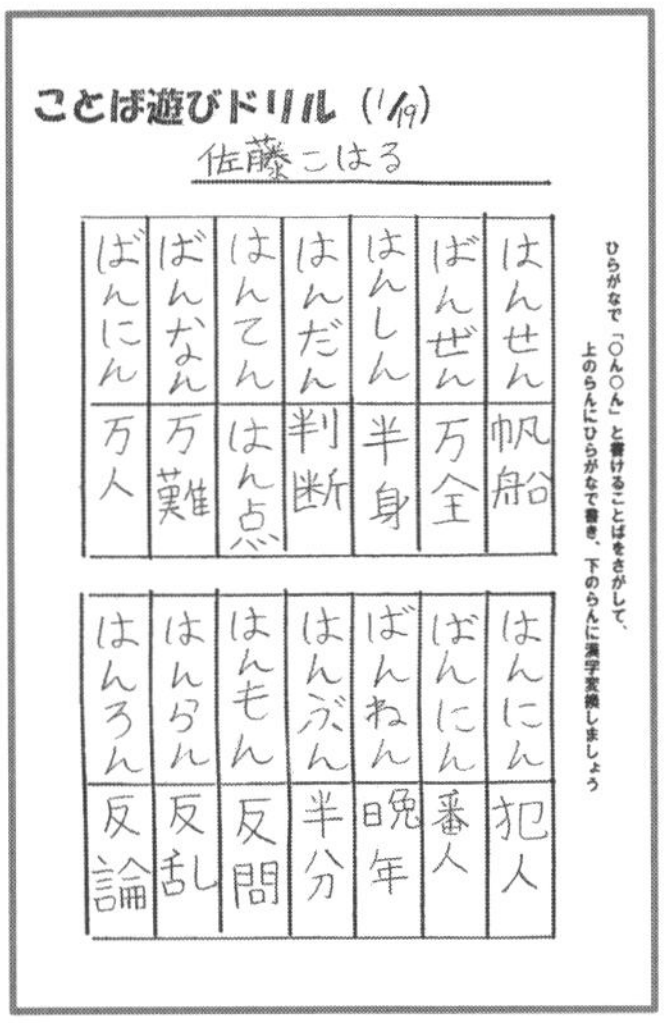
ことば遊びドリル (1/9)

佐藤こはる

ひらがなで「○ん○ん」と書けることばをさがして、上のらんにひらがなで書き、下のらんに漢字変換しましょう

はんせん	帆船
ばんぜん	万全
はんしん	半身
はんだん	判断
はんてん	はん点
ばんなん	万難
ばんにん	万人
はんにん	犯人
ばんにん	番人
ばんねん	晩年
はんぶん	半分
はんもん	反問
はんらん	反乱
はんろん	反論

国語辞典を使って調べてもよいことにしましたので、学習していない漢字も書かれています。また、同じ音ではじまることばが並んでいます。ちょっと背伸びする学習体験になるのではないでしょうか。

すべてできた子どもに、二つの熟語を使った短い文づくりをしてもらいました。「二つの熟語で短文づくり」もまた、ことば遊びをおもしろくする技法のひとつ。

漢検の結果が残念だった。（高木）

テレビで言っている言論は混乱している。（成田）

犯人が番犬につかまる。（佐藤）

暗算のテストが満点だったので、安心した。（増田）

三段のとびばこは簡単だ。（川口）

漢字の音訓は肝心。（角谷）

運転中は禁煙。（田宮）

元旦に寒天を食べる。（魚）

温泉で難問をとく。（黒沢）

「○い○い」ことばでもできますよ。

けいかい・軽快　はいえい・背泳
だいたい・大体　すいがい・水害
めいせい・名声　かいがい・海外
れいがい・例外　まいかい・毎回

ほかにも、拗音（○ゃ、○ゅ、○ょ）が重なることば（給食・社長・住所など）を集めて、漢字・熟語になおし、文づくりをする遊びも考えられます。

2 「ぱ・ぴ・ぷ・ぺ・ぽ」さがし

たとえば「寸法」「鉛筆」など、前につく漢字の音が「ん」で終わる熟語の場合、そこにつながるハ行の漢字の読みが半濁音（ぱ・ぴ・ぷ・ぺ・ぽ）に変化します。また、「突風」「失敗」など、前につく漢字が「つ」で終わるときには、促音「っ」＋半濁音になったりもします。

この、ぱ・ぴ・ぷ・ぺ・ぽ音が入る熟語をさがそうという遊びをやってみました。六年生に家庭学習（自由課題）として取り組んでもらった回答のなかから、抜粋してまとめてみました。辞書を参考にしてさがしたものも少なくないでしょう。

ぱ…音波、連敗、心配、出発、信販、親藩、圧迫、審判、鉄板焼き、乾杯、一拍、意地っ張り、洗髪、一般的、先輩、蛋白質、三泊四日

ぴ…年表、品評会、賛否、神秘的、新品、鉛筆、干ぴょう、真っ平、一匹、脱皮

ぷ…薫風、神父、新婦、貧富、十分、分布図、振幅、心服、人糞、金粉、完封、感服、添付、月賦、別府温泉

ぺ…近辺、番兵、密閉、身辺、新編、完璧、岸壁、天変地異、合併、断片

ぽ…進歩、神宝、新法、信奉、割烹着、文法、立方体、年報、年俸、日本、七宝、根本的、天保（の改革）、尻尾

3 熟語の音返し

二文字の熟語の読み方をひっくり返して、熟語を変身させようという遊びです。たとえば、「集会」を「しゅう・かい」とひらがなに変換し、それを「かい・しゅう」とさかさまに読みます。すると、「回収」や「改修」という別の熟語ができることに気づきます。

改善・全快　休養・要求
司会・開始　山間・閑散
成長・調整　最終・秀才……

漢字二字をひっくり返すだけで、よく使われる別の熟語になるものもあります。

外国・国外　社会・会社
階段・段階　実現・現実
平和・和平　事故・故事
名人・人名　行進・進行
上陸・陸上　体重・重体……

ひっくり返した熟語をこじつけて、文づくりを楽しみます。六年生の作品を紹介しましょう。

交際・最高…彼との交際は最高だった。

政府・不正…政府の不正をあばく。

事典・展示…世界中の事典を展示している。

貴重・長期…貴重な経験になった長期の海外旅行。

加工・効果…加工したら効果が増した。

四季・騎士…四季の花図鑑を持った騎士。

怪奇・機械…怪奇現象の正体は機械だった。

前回・改善…前回の試合の改善点について話し合う。

大会・解体…盆踊り大会の会場を解体している。

⑪ 熟語でしりとり

1 二字熟語でしりとり

漢字しりとりは、熟語の後ろの漢字でつないでいきます。

とちゅうで音読みを訓読みに変えてもよいとか、同じ音の違う漢字（同音異字）でもよいとするルールにもできます。

漢和辞典の学習をしたとき、辞典を使って遊んだ四年生の作品です。最後のものは、同音異字も使ったつなぎ方です。

谷川→川上→上水→水面→面会→会議→議長→長野県→県道→道路→路面（河合）

大会→会話→話題→題名→名前→前後→後先→先生→生物→物音→音楽→楽器（小川）

算数→数学→学校→校長先生→生活→活動→動物→物体→体育→育成→成人（近藤）

遠足→足元→元気→気心→心中→中止→止血→血行→行火（石田）

活気→記者→社会→開放→法事→時間→漢字→児童→童話→和紙→内緒→書生→生活→活気（渡辺）

2 最初と最後のことばを決めて

これはひらがなでもやりましたが（13ページ）、漢字の熟語でもできます。たとえば、「子供」ではじまり「大人」で終わるなどのテーマを考えるとおもしろいでしょう。

子供→供応→応用→用意→意図→図工→工事→事大→**大人**（清野）

子供→供給→給食→食物→物産→産地→地球→球根→気絶→絶大→**大人**（榛葉）

三文字以上の熟語があってもかまいませんし、逆に、あえて字数を決めて遊ぶこともできるでしょう。音・訓を変えてはいけないとか、辞典は見ないなどと制約を多くすると、だんだんむずかしくなります。

3 難易度アップの上級編

「○ん○んことば」の二文字つなぎしりとり（11ページ）をして、それをすべて漢字変換する、というパワーアップしたドリルも考えてみました。五年生の作品を載せておきましょう。

しんせん→せんばん→ばんごはん→はんおん→おんかん→かんきん→きんせん→せんえん→えんばん→ばんけん→けんばん→ばんにん

←

新鮮→旋盤→晩御飯→半音→音感→監禁→金銭→千円→円盤→番犬→鍵盤→番人

おみごと！

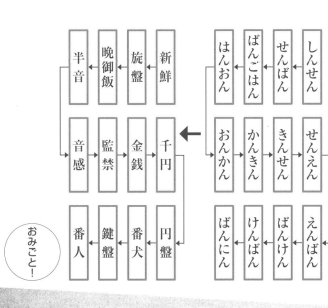

⑫ だんだん熟語

「だんだんことば」（21・22ページ）の漢字バージョンともいえる遊びです。

1

			金

2

		金	金
		魚	

3

	金	金	金
	閣	魚	
	寺		

4

金	金	金	金
科	閣	魚	
玉	寺		
条			

1 頭そろえだんだん

同じ漢字からはじまる熟語を、文字数を一つずつふやしながら考えて、マス目に書きます。コツをつかむために、二つの作品をくらべてみましょう（たてに読みます）。①は、三つの熟語に「漢字」が入っています。②は、「金」ではじまる熟語が多様です。②のように、できるだけ用法に幅のある熟語をさがすのがポイントです。

①

漢	漢	漢	漢
字	数	字	
辞	字		
典			

②

金	金	金	金
科	閣	魚	
玉	寺		
条			

木	木	木	木
管	曜	馬	
楽	日		
器			

大	大	大	大
量	部	漁	
生	分		
産			

悪	悪	悪	悪
戦	天	口	
苦	候		
闘			

日	日	日	日
常	曜	時	
生	日		
活			

漢和辞典で一つの漢字を調べて熟語の欄をあたっていけば、つぎつぎできますよ。

2 しりあわせだんだん

だんだんの形を天地反転させたら、どうでしょうか。

こんどは頭の漢字を同じにするのではなく、最後に決まった同じ漢字がくる熟語さがしです。漢和辞典では、項目の末尾にまとめて出ています。

この形の場合には、漢字の使われ方が似た意味になるものが多いかもしれません。また、三文字・四文字の熟語が見つからないこともあるでしょう。そのときには、苦しいときの助詞頼みで、「の」「と」「は」などを使って、フレーズにします。

うまく熟語が見つかったものと、助詞を使ったものとを紹介します。

表			
面	吸		
張	引	火	
力	力	力	力

一			
期	運		
一	動	密	
会	会	会	会

花			
鳥	三		
風	日	三	
月	月	月	月

春			
夏	雪		
秋	は	立	
冬	冬	冬	冬

北			
原	里		
白	の	麦	
秋	秋	秋	秋

高学年でこそやってみたい

1年生の漢字から熟語さがし

水　口　手

人　上

上手・口上・
上水・水上・
上人・手口・
手水・人手・
人口

ワンコイン（五百円）で買える、守誠さんの『読めますか？ 小学校で習った漢字』（サンリオ）という本があります。小学校で習う漢字がつくる熟語の読みや、十字パズルなどをとりあげていて、一字一字はやさしいけれど熟語になると読めなくなることもあるという漢字のおもしろさというか、むずかしさ、ややこしさを実感させてくれます。一年生の学習漢字だけでも、それがわかる授業ができます。ここでは、二つご紹介します。

やさしい漢字が難読熟語にもなる

まず、画用紙に書いてカードにした「上」「手」「口」「水」「人」の五つの漢字を示し、どんな熟語ができるのかを子どもとやりとりしながら考えます。「人口」「上水」「手口」「人手」「上手」「手水」などのことば（単語）を音読み・訓読み・特別な読みなどに分けて、黒板に書きます。いまあげた六例を分ければ、つぎのようになるでしょう。

・音読みの熟語……人口・上水
・訓読みの熟語……手口・人手・上手（うわて・かみて）
・特別な読み……上手（じょうず）・手水（ちょうず）

そして、かんたんな漢字がむずかしい意味のことばをも表現するという話をします。ほかの漢字を選べば、「大人」「七夕」「下手《へた》」などの熟字訓も扱えるでしょう。

六年生のある学級で、「手水」を「ちょうず」と読み、意味をたずねていたとき、「手水廻し」という上方落語を知っている子がいて、驚きのあまり、そのあらすじを紹介してしまいました。また、「上

木	二	男	千	人	車	三	空	花	一
本	日	竹	川	水	手	山	月	貝	右
名	入	中	先	正	十	子	犬	学	雨
目	年	虫	早	生	出	四	見	気	円
立	白	町	草	青	女	糸	五	九	王
力	八	天	足	夕	小	字	口	休	音
林	百	田	村	石	上	耳	校	玉	下
六	文	土	大	赤	森	七	左	金	火

手」には、「うわて」「かみて」「じょうず」の三つの読みがあることを、やりとりしながらたしかめました。「うわて」は相撲用語でもあり、体格のよい子と組みあって解説したところ、おおいにウケました!

一年生の八十字から熟語や名前さがし

つぎは、学年別配当漢字一覧をながめていて思いついた遊び。「五十音表からことばさがし」(31ページ)と同じように、上下・左右・斜めに隣りあう文字で熟語をさがそうという趣向です。

一年生の漢字を音読みのアイウエオ順に、8×10の形で並べると、上のようになります。こうした漢字表を各自に配り、熟語を見つけたら、例のようにマルで囲んでもらいます。黒板には、大きく書いた表を貼っておきます。

上の例は「見学」「休校」「水車」「本名」「千人」「先生」の六つですが、ものの五分もあれば、たくさん見つかるでしょう。どんどん手があがりますから、発表された熟語を、黒板の表に囲んでいきます。五年生くらいですと、あっというまに二十を超えます。「金玉」も出れば、地名や人名も見つかりますから(上町・中町、村田・大下・小山・石森……というように)、授業が活気づきます。

三文字の熟語はなかなか出てきませんが、愉快なのは、強引に熟語をこしらえて、意味までこじつけた発表をする子がいたりすることです。ある学級に竹中君がいて、「男竹中」ということばが発表され、おおいに沸いたことがありました。漢字が引きだすイメージは、まちがいなく想像力を刺激するのです。

漢字遊びの教具いろいろ

●漢字遊びといえば、デザイナーの馬場雄二さんの仕事をはずすわけにはいきません。最初の出会いは「漢字の宝島」シリーズですが、奥野かるた店から「漢字博士」「ことわざ漢字カルタ丸」「四字熟語あわせ」（いずれもシリーズ）など三十種あまりのカードゲームやパズルなどが出ています。また、著書も数多くあります。

©馬場雄二

●「漢字がたのしくなる本」シリーズ（太郎次郎社エディタス）には、なりたちからわかる三つのカルタ（『101漢字カルタ』『98部首カルタ』『108形声文字カルタ』）や、カードで遊ぶ「あわせ漢字ビンゴゲーム」などの教具があります。

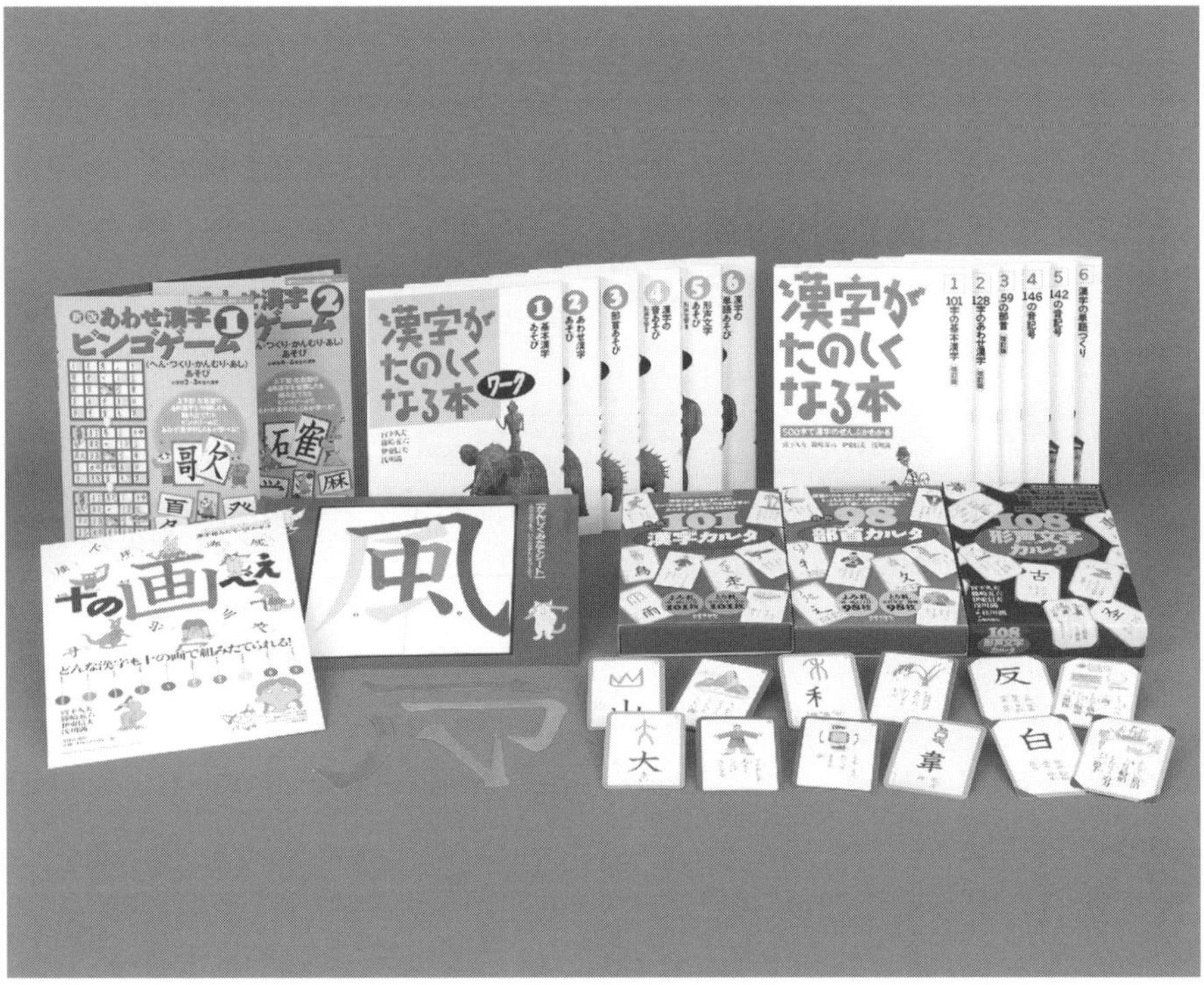

宮下久夫・伊東信夫・篠崎五六・浅川満＝作／金子都美絵・桂川潤＝絵

Ⅲ イメージが広がる創作技法

ことばにはかならずイメージがあり、そのイメージにはだれにも共通のものと、一人ひとり固有のものとがあります。それを文やフレーズとして表現するための創作技法をご紹介します。

「あ」からはじまる三行ばなし、自分の名前を折りこんでつくる文、〝かぞえうた〟に〝百字文〟。技法(型)の制約があるからこそ、ことばが自由にでてきます。そのイメージをつなげていくと、固有のイメージがふくらみ、思いがけない想像世界がつくられます。谷川俊太郎さんの『詩ってなんだろう』(ちくま文庫)によれば、ことば遊びによる文は、まぎれもなく「詩」といえるのです。

1 あいうえおうた

アクロスティックという技法による遊びをいくつかやってみましょう。

谷川俊太郎さんは『あいうえおっとせい』の序文のなかで、アクロスティックをつぎのように紹介しています（一九七七年）。

「各行の初めの文字、最終文字、または他の特定の文字を並べると、人名やある語や句になるこういう遊戯詩を、英語ではアクロスティックと呼ぶんですって」

それまで「折り句」と呼ばれていた技法を「アクロスティック」という概念にひろげた一文でした。それから四十年、わたしは教室で、このちょっと冒険心をそそるネーミングにひかれて、ことば遊びの授業をし、レポートを書いてきました。冒険ですか、ええ、アクロバティックとか、野菜のスティックサラダとかの連想冒険です。「嗚呼苦労素敵句」って漢字／感じでしょうか。

ここではシンプルに、各行のはじめの文字を「人名やある語や句」に決めておいて、文づくりをします。つくられた文はひとつの詩だともいえるでしょう。

たとえば、よこ書きに右から左へ「あいうえお」と書いて、その下に、たてに作文していきましょう。つぎのようにできます。

あさ
いぬが
うれしそうに
えきまでさんぽ
おれもいぬになりたいな

（山崎亮）

このように、五十音の一つの行を最初の文字にしたアクロスティックを「あいうえおうた」と呼んでいます。

二年生の作品を紹介しましょう。

ありが
いるかの
うえで
えほんをよみながら
おしっこした

（たくや）

さめが
しおなめて
すしをたべながら
せかいせいふくを
そうだんちゅう

（ひろな）

作文ができてから題をつけると、楽しい作品になりますよ。

動物園

ざいりょう
じゅうぶん
ずいぶん
ぜいたくな
ぞうさん

（森泉）

さる

さるが
しずかに
すいえいの
せおよぎで
そらをむいておよぐ

（村野）

2 ひともじうた

つぎは、行の最初を一つの文字に決めて、アクロスティックにしてみましょう。ことばを思いつくかぎり、長いお話をつくることできます。三年生の作品です。

あんあん
あかちゃん
あそんで
あくび
（藤井）

あさから
あひるの
あかちゃん
あせかいて
あみで
あめんぼとり
（渡部）

さかなが
さかさか
さかなつり
さむさにふるえてかぜひいた
（石川）

題がついている作品を紹介しましょう。

かくれんぼ

ことりがかくれんぼで
ここのつかぞえたら
こじかはすぐに
こたつのしたに
こっそりかくれました
こりゃあみつからない
（加藤）

おっとせい

おっとせいはきょくげいをして
おおきなはくしゅをもらい
おおよろこび
おわって
おへやにもどって
おやすみなさい
（山川）

＊同じ音（文字）ではじまるアクロスティックの技法をもちいた絵本を紹介します（V章には技法別ブックリストがあります）。

松岡享子さんの『それ ほんとう？』（長新太＝絵、福音館書店）は七〇年初頭に出版され、最近、新装版が出ています。「あ」からはじまることばだけでつくったお話から、「わ」からはじまることばだけでつくったお話までが載っています。

そして二〇〇〇年代にはついに、一冊まるごと「あ」行のお話、「か」行のお話……と行ごとになった、二宮由紀子さんの「あいうえおパラダイス」という九冊シリーズが刊行されました（理論社）。各行のアクロスティックのお話が、一冊に五つずつ入っている楽しい絵本です。

二宮由紀子「あいうえおパラダイス」シリーズから

❸ 三行ばなし

うしのうしろに　谷川俊太郎

うしの
うしろに
うたうたう
うれしい
うぐいす
うつくしい
うちわは
うちの

うみに
うそをつく
うさぎは
うるさい
うめぼし
ういている

うまがいる
うまい
うなぎは
うりきれだ

（谷川俊太郎『どきん』理論社より）

この詩は、「ひともじうた」（前ページ）の少し長いバージョンになっていますが、三行で一つのお話になっていますね。

そこで、同じ文字ではじまる三行のアクロスティックを「三行ばなし」と呼び、教室で楽しんできました。

おにさん
おこると
おもしろい
（まさし）

ありさんが
あいすは
あまいといいました
（えりか）

かめが
かめんをかぶって
かっかっかっ
（けいすけ）

どろが
どんどん
どまのなか
（かずき）

かりうど
からすを
からかった
（みほ）

ちずをみて
ちーずがたべたい
ちっちゃいねずみ
（まい）

きつつきが
きにあなあけて
きめポーズ
（めぐみ）

三行ばなしは、五・七・五の形になることがあります。また、そのようにつくることで、俳句や川柳のような作品ができます。

くがつだな　くりをたべたい
くいしんぼ
（菅原）

たびにでて　たきにうたれる
たぬきかな
（筆者）

4 三行ばなし 濁音編

三行ばなしの行頭に濁音・半濁音を使ってやってみましょう。「がっこうで／がらすをわった／がちゃーん」という作品を、即興で黒板に書きました。これをお手本にして、二年生の教室で二十分ほどでやってみました。

ぺんぎんが
ペタペタ歩いて
ペンキを買いに
（まゆ）

ぞうさんが
ぞうすいたべた
ぞろぞろとおとがした
（めい）

ぎんこうが
ぎーんとしまって
ぎゃーとあせる
（ほのか）

げっぷをした
げひんだ
げっ～
（はるの）

だるまがおちてきた
だんごもおちてきた
だれがおとした！
（ほだか）

ぞうが
ぞうきんをもって
ぞろぞろあるく
（ひろむ）

ぜーぜーはーはー
ぜんはんせんで
ぜんぶ力をつかった
（なおと）

ごまをたくさん
ごはんにかけて
ごちそうだ
（たかひろ）

どろぼうが
どろの中へ
どぼんと入った
（りょうま）

コラム

アクロスティックは、創作技法であるとともに、記憶法やスローガンづくりの技法にもなり、学校・教室ではおなじみのものです。

「おかしも」はわたしの知るかぎり、二十年以上もまえから避難訓練のスローガン（合いことば）になっています。これを知らない小学生や教員はもぐりだといってもいいでしょう。

お……おさない（押さない）
か……かけない（駆けない）
し……しゃべらない（喋らない）
も……もどらない（戻らない）

ここに「ち」（近よらない）を加えている学校もあります。また、最初は「も」がなかったかもしれません。

二〇〇〇年代には防犯標語「いかのおすし」が広まりました（ついて「**いか**ない」、車に「**の**らない」、「**お**おきな声をだす」「**す**ぐにげる」「**し**らせる」）。

フレーズや語句の最初の文字をとって、なんとなく意味のあることばにしてものごとを記憶する――そうした技法は、学習法にもとりいれられてきました。

（次ページへ続く）

5 なまえ遊び

こんどは、自分の名前をアクロスティックにしてみましょう。名前をよこ書きにして、その下にお話をつくってもいいですし、自己紹介の文をつくってもいいですね。
　では、名前がかくれている三年生の作品を紹介しましょう。姓と名とに分けてつくった作品から。

ゆうえんちで
うさぎをみると
かいたくなるんだ
（ゆうか）

ほしがきれいです
しろいきものをきて
のはらにいくんです
（ほしの）

はやおきはっちゃん
やみやみやっちゃん
のはらでのんちゃん
（はやの）

あきのひに
やかんピーピー
からすカーカー
（あやか）

つぎはフルネーム版。題をつけたお話と自己紹介の作品です。

みずいろのペンダント

うさぎの
さがしものは
みずいろのペンダント
ゆかにはありませんでした
いすのうえにありました
（うさみ　ゆい）

自己紹介

たくましいからだ
かけっこはクラスで三番
はをあまりみがきません
しっこはよくとびます
ゆうきがある
うるとらまんみたいなパワー
じてんしゃがすき
（たかはし　ゆうじ）

よく知られているのが、元素記号（周期表）の覚え方。「水兵リーベ僕の船……」＝水素、ヘリウム、リチウム、ベリリウム、ホウ素（B）、炭素（C）、窒素（N）、酸素（O）、フッ素（F）、ネオン（Ne）……。
　よく考えてみますと、こうした標語や記憶法は、最初に「あいうえお」などの文字を決めてから文をつくっていくのとは逆の思考です。いわば「逆アクロスティック」といえると思います。
　いま、アクロスティックは「あいうえお作文」などと名付けられて一般化しているようです。上に「なまえ遊び」として紹介したアクロスティックは、職場での自己紹介や送別のことば、感謝のことばなどにも活用できます。
　最近、PTAの広報誌にわたしが書いた「なまえ遊び」を。（なんと、職員全員がこの技法で自己紹介をしたのでした。）

むし好きにして本の虫
かいはかいでもお節介
いきに生きたい心意気
よめいを数えるこの年で
しらぬ子らとの出会いから
ひらく未来への
とびらをたたく

6 かぞえもんく

はじめに、わたしがよく知っている「かぞえうた」を黒板に書きます。

いちじく　にんじん
さんまの　しっぽ
ごりらの　ろっこつ
なっぱの　はっぱ
くさった　とうふ

これを早口で読んだり、ゆっくり読んだりして遊びます。

このかぞえうたは、「さんまのしっぽ」「ごりらのろっこつ」「くさったとうふ」のように、つながりのあるフレーズがあるのが特徴です。「ごりらのろっこつ」なんて、おもしろいですね。このように、「いち」「に」「さん」「し」……などのことばをいれながら二つ、三つをつないで、かぞえもんくをつくってみましょう。

しいたけが
ごかいからとびおりて
ろっこつをおる
（こうや）

くまさんが　とうみんする
（ありさ）

さめの　したい
さめの　しあい
さめの　しっこ
（しゅんた）

さざえさんの　しかけんしん
ごきんじょの　ろくろっくび
ななくさ　はっこ
くるみの　とうさん　でっかい木
（すずか）

いっこの国　にっぽん
さんまの　しょくじ
ごりらの　ロボット
（りょう）

サンタの　しょんべん
ごきんじょの　ろっこつ
ななくさ　はっこ
くさった　とうさん
（たかひと）

ごりらの　しおやき
　うまいぞうまい
くさった　ごりら
　まずいぞまずい
くちさけ　ごりら
くさいぞくさい
（ゆい）

さそりの　したい
ごりらが　くった
（しんや）

なきむしが
はちをころして
くっちゃった
そしたら　とうとう
じぶんがきぜつ
（りゅうたろう）

7 かぞえうた ①

日本語の数のかぞえ方には二通りあります。「二通り」は「ふたとおり」と読みますが、「二本」は「にほん」と発音します。これは一年生の漢字の学習に出ています。

いちじく　にんじん
さんしょに　しいたけ
ごぼうに　むかご
ななくさ　はくさい
きゅうりに　とうがらし

などという「かぞえうた」を聞いたことがありませんか。

これもアクロスティックになっています。野菜の名前が並んでいますが、出だしのほうは「いち・に・さん・し……」と読めます。しかし、六・七・十は、ろく・しち・じゅうではなく、「む」「なな」「とお」の読み方が使われています。「かぞえうた」では、混ぜてつくってもかまわないのです。

さきほどの「かぞえもんく」を発展させて、一から十までの「かぞえうた」にしてみましょう。二年生の作品です。

いんこが　にげた
さんすういやだと
しいたけたべて
ごりらにぶつかり
ろっこつおって
なっぱをたべて
はいしゃにいって
きゅうとはをぬき
とうとうしんだ

（ひさおみ）

いろはに　にんにく
さんしょのき
しろい　ごまを
ろっこにわけて
ななこ　はっこと
どんどんわけて
くろくぬって
とろとろにたよ

（すみえ）

いぬと　にわで　さんぽする
しけんに　ごうかく
ろっかいピース
なしを　はっこかって
くるまにのせていえへかえって
ジュースをつくる

（なつこ）

いんちき　にんにく
さんたの　しっこ
ごとんと　ロック
ななもん　はちまい
くーくー　とうさん

（かずき）

8 かぞえうた ②

「かぞえうた」は、日本に伝わっていることば遊びのひとつとして、まりつきやお手玉などをして遊ぶときに歌われていました。また、つぎのようなことば遊びも伝わっています。

一つ　二つ　ハゲがある
三つ　みかづきハゲがある
四つ　よこにもハゲがある
五つ　いつものハゲがある
六つ　むこうにハゲがある
七つ　ならんでハゲがある
八つ　やっぱりハゲがある
九つ　ここにもハゲがある
十で　とうとうハゲちゃびん

一つ　二つの　みっちゃんが
三つ　みかんをたべすぎて
四つ　よなかにはらいたで
五つ　いつものおいしゃさん
六つ　むこうのかんごふさん
七つ　なかなかなおらない
八つ　やっぱりなおらない
九つ　このこはもうだめだ
十で　とうとうしんじゃった

教室で子どもたちと、こうしたかぞえうたをつくってみました。四年生の作品です。

おばけの歌

ひとつ　ひとだまおよいでる
ふたつ　ふたをあけたらどろどろ
みっつ　みっちゃんわーんとないた
よっつ　よってたかって
いつつ　「いーだ」とおっぱらい
むっつ　むこうのとびらをあけたら
ろくろっくびがでたー
ななつ　なぬ？なんだろう
やっつ　やしきがざわざわと
ここのつ　このー
とうで　とうとうとうせんぼ

（元香）

忍者のしゅぎょう

いちは　一日中水の中
にはに　にんにんつかれたな
さんは　さかさま宙づりに
しは　しずかなしゅぎょうの日
ごは　ごつごつ石の上
ろくは　ろくろっ首とたたかって
しちは　しちべいと名づけられ
はちは　はちにさされて大さわぎ
きゅうは　きゅうりとけんかして
とうで　とうとう一人前

（和美）

9 しりとり小ばなし

「しりとり」をすると、たくさんのことば（単語）が並びます。じっとながめていると、二つ三つのことばに、何かつながりが発見できないでしょうか。見つけたつながりをいかして、作文できないでしょうか。

あるいはまた、あまり関係のなさそうなことばをつないで文をつくってみることもできます。そんな試みをしてみました。

矢玉四郎さんの絵本『しりとりえんそく』（ポプラ社）を参考にして創作してみましょう。

ろぼっとと
とけいが
いすのとりあい

「ろぼっと→とけい→いす」がしりとりになっています。絵本では、この「と」と「い」がカラフルな○で囲まれています。

創作のしかたとしては、まず三つのことばをしりとりでつないで、三行に書きます。たとえば、

がっこう
うめぼし
しまうま

のように。それから、その下に続けて、

がっこうのえんそくで
うめぼしを
しまうまにくわれた

のように、こじつけた文をこしらえます。こじつけ・やりくりが思わぬイメージをつくりますので、絵にしてみると数倍楽しめることになります。

二年生のつくった「しりとり小ばなし」をいくつか紹介しましょう。

どろぼうと
うまが
まんとひひのとりあい
（あゆむ）

ほくろを
ろうそくで
くしざしにした
（ようすけ）

カンガルー
ルビーをもらって
ビールをのんだ
（ゆりこ）

ばかが
かぜをひいて
せきがでた
（ゆうき）

りすと
すずめと
めだかが大げんか
（みゆ）

がいこつ
つちに
にじだした
（かずや）

最後のものは、ほかとちょっと違いますね。しりとりしたことばだけで文ができています。ちょっとシュールなイメージです。

10 くつかむり ①

　最初と最後の文字を決めておいて、短い文やフレーズを考えることば遊びです。「沓冠」（くつかむり・くつかぶり）といい、平安時代ごろからある短歌の技法だそうです。沓は足元、冠は頭というわけです。

　二年生の教室での試みをふり返ってみましょう。まず、つぎのような文を黒板に書いていきます。

- かえるのけんか
- るすばんをする
- ねこがさかなをたべているね
- いるかがいない
- うさぎをもらう

　書いているうちに、一文の最初と最後の文字が同じことに気づく子が何人かいます。書き終えたところで、みんなで読んでから、気づいたことを発表してもらって、それぞれの文の最初と最後の同じ文字を○で囲んで確認します。「くつかむり」などという技法名は言わぬが花でしょう。

　そして、じゃあ、「ま」でやってみようと投げかけ、「まま」のような二文字でなく、単語をつなげたフレーズや文になるように考えます。すると、「まんとひひのまま」「まんがをよむまま」などと、ままシリーズの発表会になりました。

　作品づくりのレッスンができたところで、たて書きの罫線のある用紙を配ってはじめました。

「とまと」「スイス」「せみのみせ」のように、上から読んでも下から読んでも同じになる回文や、「だるまさんがころんだ」を思いつく子がいました。

　わいわい言いながら、まねっこもしながら、五つ以上の作品が、わずか十五分ほどでできました。うまく書けているものを紹介します。

めんこするかめ　（ゆいと）

りんごのいかり　（ちよ）

ゆきだるまのすきなふゆ　（ひより）

つばめがきいっぱつ　（けいせい）

あみものあみあみ、ああ、たのしいなあ　（ひより）

まっかなかおのまま　（けいせい）

るいくんがるすばんをする　（こうだい）

きんいろのきつつき　（ゆいと）

いちのくらい　（たかう）

いるのにいない　（やすま）

にじいろのかに　（ひより）

すずめとからす　（ゆき）

11 くつかむり ②

最初と最後の文字を決めてからフレーズをつくる「くつかむり」の技法は、決めごとをアレンジして、さまざまに遊ぶことができます。

たとえば、最初と最後の文字を「あ—い」「い—う」のように違う文字に決めたり、「あん—あん」「いち—いち」のように二文字を決めてしまうなどです。また、一文の文字数を、七文字、十文字などと決めてから取り組むこともできます。

そこで、下のようにドリルにしてみました。

「あ—い」「か—き」と、アクロスティックのように、最初と最後の文字を決めて、七文字のことばやフレーズを作文します。

ふだん思っていることがふっと書けちゃったとか、思いがけずおもしろいフレーズができたとか、フレーズからイメージが広がるのが楽しい、などの感想が生まれるのではないでしょうか。

六年生の教室で書いてもらったたくさんの作品から、わたしが気に入った作品を下に二つご紹介します。

右側は、ふだん体験したり、見聞きしたりしているものから発想しています。左側は、ちょっと空想的だったり、あっと驚くようなイメージの広がりがあります。

最初と最後の文字が決まっています。あいだの五つのマスにことばを入れて、行ごとにことばをつくってみましょう。

や	ま	は	な	た	さ	か	あ
い	み	ひ	に	ち	し	き	い

や	ま	は	な	た	さ	か	あ
さ	ん	は	き	ん	よ	ら	し
し	め	に	む	す	な	あ	が
さ	ん	な	し	の	ら	げ	き
は	の	っ	の	は	お	が	た
あ	え	た	あ	い	か	す	な
い	み	ひ	に	ち	し	き	い

や	ま	は	な	た	さ	か	あ
さ	じ	げ	み	い	い	み	か
い	ん	に	に	り	の	さ	い
の	の	な	の	ょ	か	ま	と
ふ	う	っ	る	う	ん	の	な
は	ら	た	か	の	ざ	い	か
い	み	ひ	に	ち	し	き	い

書名 [　　　　　　　　　　]

●—この本について、あなたのご意見、ご感想を。

お寄せいただいたご意見・ご感想を当社のウェブサイトなどに、一部掲載させていただいてよろしいでしょうか?　（　可　匿名で可　不可　）

この本をお求めになったきっかけは?

●広告を見て　●書店で見て　●ウェブサイトを見て

●書評を見て　●DMを見て　●その他　よろしければ誌名、店名をお知らせください。

☆小社の出版案内を送りたい友人・知人をご紹介ください。

おなまえ《ふりがな》

ご住所

〒

郵 便 ハ ガ キ

料金受取人払郵便

本郷局承認

4478

差出有効期間
2022年
10月31日まで

1 1 3 8 7 9 0

(受取人)
東京都文京区本郷3-4-3-8F
太郎次郎社エディタス行

[読者カード]

●ご購読ありがとうございました。このカードは、小社の今後の刊行計画および新刊等のご案内に役だたせていただきます。ご記入のうえ、投函ください。 案内を希望しない→□

〒
ご住所

お名前

☎

E-mail 男・女 歳

ご職業(勤務先・在学校名など)

ご購読の新聞	ご購読の雑誌

本書をお買い求めの書店	よくご利用になる書店
市区町村 書店	市区町村 書店

お寄せいただいた情報は、個人情報保護法に則り、弊社が責任を持って管理します

⑫ だんだんばなし

この遊びは、和田誠さんの『ことばのこばこ』（瑞雲舎）に掲載されている「積み上げことば」の応用編。本ではよこ組みの十五段ですが、それをたて組みで十行にして、作文できるプリントを用意しています。

しろいねこ

あ
ねこ
しろい
ねている
きもちそう
かわいいねこ
すずがついてる
ちりんとなってる
わたしねこかいたい
ままかってくれるかな

梁　美茜

一文字めを「あ」ではじめると、あっと驚いているような感じがしますので、そこからお話をつくるようにしています。

字数が決まっているため、ことばを選んだり、省略したりすることになります。「がっ」や「ちゃ」などは、一文字に数えても、二文字に数えてもいいことにします。また、書き終わってから、題をつけ、あいているところに絵を描くといいでしょう。

二年生の作品から。

ねぼう

あ
ぼく
ねぼう
ねむいよ
がっこうが
はじまっちゃう
どうしようかな
やすんじゃおうかな
おかあさんがきたよ
おこられるからいこう

（りょう）

せがのびた

あ
せが
のびた
うれしい
うれしいよ
じまんしたい
みんながみてる
はやくかえりたい
おかあさんにみせる
みんなちいさいははは

（ゆき）

アクロスティックのようにもできます。

あ
あさ
ありが
あそこで
あそんでた
ありじごくで
あっとさけんだ
ありんことうとう
あなのなかでもがく
ありんこはおだぶつだ

（高橋）

⑬ 百字文

「だるまさんがころんだ」という遊びをしたことがありますか。十まで数えるかわりに「だ・る・ま・さ・ん・が・こ・ろ・ん・だ」とオニが唱え、そのあいだに少しずつ前に進む遊びですね。大阪のほうでは「ぼんさんがへをこいた」と言うそうです。

そこで、この唱えことばのように、十文字で書ける文を十個書きならべてみましょう。百字文のできあがりです。

この遊びを楽しむときは、10×10のマスを書いた紙を用意するといいですね。下に作例を紹介します。

左側の作品には題名がついています。頭の文字を「あいうえおかきくけこ」とアクロスティックにして、百字文で一つのお話ができている作品です。

おとうさんのももひき
かかしさんのぼろふく
くじらさんのおもらし
ドラえもんのポケット
ふんどしがついている
こがねむしはかねもち
いきなりたおれたドア
くさいくさいくつした
かぶとむしはおおきい
らいおんずのぼうしだ

（よしまさ）

おしろのはなし

あそんでいるもんばん
いつもねてるおうさま
うそつきのだいじんと
えんぴつもったコック
おそうじのおばあさん
かぎをもったへいたい
ききわすれたレコード
くつをはいてるこねこ
けむしがきらいなひめ
ことりがあつまるしろ

（みつえ）

百字文づくりはちょっとむずかしいと思ったら、十字文づくりをしましょう。三年生の教室でできた文のなかから、十作品を選んでみました。

あいうえおしっこぴー
だるまさんのいちにち
たいしょくのげんかい
おしっこもれちゃうよ
そらからおちたこども
だるまがおならをぷぷ
にっちょくのしごとば
きものをきておまつり
すてきなおばあさんだ
ねむいよーおーねむい

14 しりとりうた

さよなら　さんかく
またきて　しかく
しかくは　とうふ
とうふは　しろい
しろいは　うさぎ
うさぎは　はねる
はねるは……

いろはに　こんぺいとう
こんぺいとうは　あまい
あまいは　さとう
さとうは……

このように続いていくことば遊びを聞いたことがありませんか。最後は「おやじのはげあたま」で終わります。

そこで、「はねるは……」の続きを考えてみましょう。跳ねるものにはどんなものがあるかを連想することからはじめます。

ばね、カエル、カンガルー、ボール……

ボールは　はねる
はねるは　トランポリン
トランポリンは　みどり
みどりは　草
草は　さらさら
さらさらは　かみのけ
かみのけは　くろい
くろいは　字
字は　なんだかへんなかたち　（みゆき）

「レモンはきいろ」からはじめた作品を二つ。

レモンは　きいろ
きいろいは　バナナ
バナナは　ながい
ながいは　トウモロコシ
トウモロコシは　ちいさい
ちいさいは　こんぺいとう
こんぺいとうは　あまい
あまいは　さとう
さとうは　しろい
しろいは　ゆき
ゆきは　つめたい
つめたいは　れいぞうこ
れいぞうこは　いろいろたべもの
はいってる　（みき）

レモンは　きいろ
きいろは　かみなり
かみなりは　しびれる
しびれるは　シゲキックス
シゲキックスは　グミ
グミは　おやつ
おやつは　たべる
たべるは　にく
にくなら　ぶたにく
ぶたは　なく
なくは　ひと
ひとは　あるく　（ひでき）

15 カルタづくり

生活科や学級活動で「カルタ遊び」を楽しむことはありませんか。羽子板、コマ、めんこ、竹馬、おはじき、お手玉などとともに、「昔遊び」のひとつとして取り組んでいる学校も少なくないでしょう。

カルタには、ことば遊びの技法でつくられているものがいくつもあります。その遊び方をV章に紹介しています。

たくさん遊んだあと、カルタの読み札の唱えことばを自由に考えてみましょう。B4判のプリント（下図）を用意して、できるところから書いてもらいます。

全員の作品から一、二点ずつ選んで、クラスの五十音カルタとして編集することもできますが、わたしは学級だよりに、フレーズ・文のおもしろいものを紹介するようにしていました。おもしろいというのは、対句的な表現になっているとか、アクロスティックやシャレなどのことば遊びが使われているとか、内容として空想的なものやナンセンスなものであるとかです。

ここで紹介するのは、二年生のクラスの作品です。親子で一、二作ずつ分担して年度末につくってくれました。お別れ会で遊んだのですが、全員が全作品を目にすることができませんので、学級だよりの見返し部分に縮小コピーして一覧できるようにしました。そのなかから、ことば遊びの技法でつくられている作品を紹介してみます。

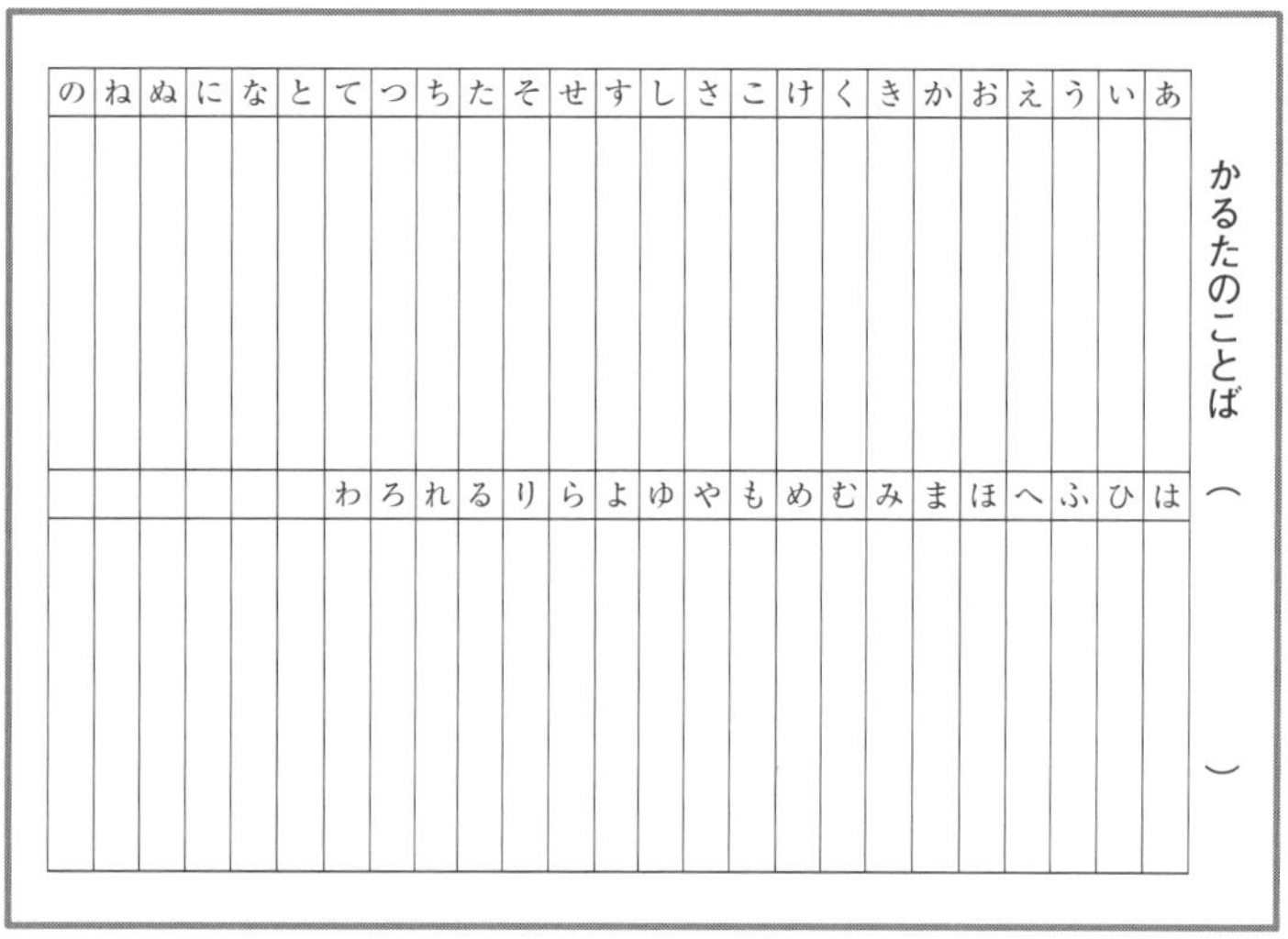

かるたのことば（　　　）	あ	い	う	え	お	か	き	く	け	こ	さ	し	す	せ	そ	た	ち	つ	て	と	な	に	ぬ	ね	の
	は	ひ	ふ	へ	ほ	ま	み	む	め	も	や	ゆ	よ	ら	り	る	れ	ろ	わ						

し　しっぱいして　しょんぼり

ね　ねずみが　ねこに　ちゅういした

は　はなみより　はやくたべたい　おべんとう

ろ　ロッキーの　ビデオを見すぎて　グロッキー

り　りんごが　ゴリラを　食べちゃった

ふ　ふりかえると　目が合ったのは　ふとったかえる

わ　わたしの　わらいがお　わすれないで

16 オノマトペカルタ

オノマトペ遊びについては、Ⅰ章で紹介しました。これをカルタの唱えことばにしてみようという試みです。

「歩く」という動詞をひきあいにだして、どんな歩き方があるか、歩くようすを表すことばを考えます。「ずんずん」「ふらふら」「ちょこちょこ」など、いくつも発表されました。どんな人が歩いているのか、どこを歩いているのかなど、勝手に想像しながら、黒板に書きます。

いろいろなオノマトペことばを考えて、

きらきら　ダイヤ

のように、「光る」という動詞を使わず、きらきらするもの（名詞）を想像して書きます。五十音を上に書いた用紙（前ページ）を配り、思いつくところからどんどん書いてもらいました。

では、たくさんの作品のなかから、いくつかをあいうえお順に並べてみましょう。意外性のあるオノマトペや、オノマトペと名詞のとりあわせに連想の妙を感じるものを中心に選びました。

Ⓐ あらあら　子ども（捺美）
Ⓤ うるうる　たまねぎ（美季）
Ⓞ おーおー　おうえんだん（美季）
Ⓚ かきかき　わるがき（睦美）
　がーがー　いびき（美穂）
Ⓚ きらきら　なみだ（眞史）
Ⓚ くさくさ　ざっそう（一史）
　くりっと　おめめ（英輝）
Ⓚ けほけほ　けむり（拓也）
　けんけん　パッ！（捺美）
Ⓢ すりすり　ほっぺた（夏季）
Ⓢ せっせっ　おそうじ（恵理香）
Ⓢ そろそろ　みみず（一史）
Ⓣ たんたん　手びょうし（英輝）
Ⓣ ちりちり　せいでんき（夏季）
Ⓣ つんつん　つくし（美季）
Ⓣ てけてけ　ハムスター（英輝）
Ⓝ ぬいぬい　ぬいぐるみ（剛志）
Ⓝ ねえねえ　しつこい（眞史）
Ⓝ のりのり　ダンシングベイビー（美季）

Ⓗ はらはら　はいしゃ（絵理沙）
Ⓗ ひりひり　くちびる（遥）
Ⓗ ふりふり　おしり（佑介）
Ⓗ へとへと　しごと（楓由音）
Ⓗ ほふほふ　あつい（敬子）
Ⓜ むにむに　スライム（夏季）
Ⓜ もみもみ　かたもみ（一史）
Ⓨ ゆったり　おんせん（美穂）
Ⓡ ろんろん　マージャン（楓由音）
Ⓦ わいわい　パレード（英輝）

書かれた作品をピックアップしているうちに、オノマトペを使ったなじみ深い呼称などがいくつもあることに気づきました。

- きらきら星（麻奈・理子ほか）
- みんみんぜみ（敬子・拓也）
- せっせっせのよいよいよい（佑介）
- けろけろケロッピー（一史）

ほかにも、ぶんぶんごま、ニコニコ顔、ぐるぐるまき、ガチャポン、どっきりカメラなどがたちどころに浮かびます。オノマトペは商品名にもよく使われています。お菓子や食品、電気製品などのネーミングに多いのではないでしょうか。

え
えんぴつ たべちゃう えんぴつけずり
ふ
ふりかえると 目が合ったのは ふとったかえる
け
けむけむ けむし ケンカ～～!?
へ
へのへの もへじ かかしのかお
し
しっぱいして しょんぼり
り
りんごが ゴリラを 食べちゃった
ね
ねずみが ねこに ちゅういした
ロ
ロッキーの ビデオを見すぎて グロッキー
は
はなみより はやくたべたい おべんとう
わ
わたしの わらいがお わすれないで

Ⅳ 型はめ創作
ことば遊びの詩の授業

国語教科書にも掲載されている、ことば遊びの詩作品があります。それらの作品をいかした授業をどのように構成するか。音読したり、書き写したりしながら、リズムや技法を体感できます。また、作品の一部を穴埋めしながら、想像のひろがりを楽しめます。

いままでに試みてきた詩の授業のなかから10を選びました。前半は谷川俊太郎さんの5つの作品を、後半は和田誠さん、ねじめ正一さん、岸田衿子さん、川崎洋さん、中江俊夫さんの作品です。

授業参観の定番でした

「かえるのぴょん」は何をとびこえる？

かえるのぴょん　谷川俊太郎

かえるのぴょん
とぶのがだいすき
はじめにかあさんとびこえて
それからとうさんとびこえる
ぴょん

かえるのぴょん
とぶのがだいすき
つぎにはじどうしゃとびこえて
しんかんせんもとびこえる
ぴょん　ぴょん

かえるのぴょん
とぶのがだいすき
とんでるひこうきとびこえて
ついでにおひさまとびこえる
ぴょん　ぴょん　ぴょん

かえるのぴょん
とぶのがだいすき
とうとうきょうをとびこえて
あしたのほうへきえちゃった
ぴょん　ぴょん　ぴょん　ぴょん

この作品は、一九七七年に発足した「ことばあそびの会」*の会報『ことばのこばこ』に「詩画集をつくろう」として発表された四つの作品のなかの冒頭の詩です。

詩は四連までありますが、連を追うごとに、イメージが加速するように広がります。そこがひとつのポイント。

まず、第一連を黒板に書きます。子どもが文字を読みたどる小さな声を背後に聞きながら。書き終わったところで、いっしょに音読します。ここは子どもの読み方にまかせて、ごくふつうに読みます。

つぎに、第二連を続けて書いていき、四行目を

つぎにはじどうしゃとびこえて
（　　）もとびこえる

とし、（　）を想像してみよう、何をとびこえたのでしょう、どんなことばが入るかな、谷川さんはどう書いているのだろうか？　などと問います。

子どもたちからは即座に、トラック、でんしゃ、バイクなど、いくつかの乗り物の名前があがります。あがったところで、多くは「じどうしゃ」のなかまですから、違う種類の乗り物を考えて……電車のなかま、そう、「しんかんせん」です。出された乗り物の名前の文字数を見て、何文字が読みやすいか、リズムよく読めるかと問うこともします。

（　）に「しんかんせん」と書いて、書いたところまでをはじめから読みます。最後に「ぴょんぴょん」を入れて、全員でもう一度読みます。

さらに第三連を書いていき、

とんでるひこうきとびこえて
ついでに（　　　　）とびこえる

として、（　）を考えてもらいました。ついでに何をとびこえるのか。ヘリコプター、ロケット、ジェット機、うちゅうせん、ユーフォー、999（スリーナイン）などが出されました。

ここでは、ヘリコプターやジェット機は「ひこうき」のなかまではないかと話し、違うものをということで、ロケット、ユーフォーなどを（　）に入れて読んでみます。どれがいいでしょう。選択肢をこしらえて、手を挙げてもらいます。勘のいい子は、999は何か変だと気づきます。そう、字数が合わないんです。

文字数は〝詩のリズム〟をつくっていますから、これも大事なポイント。そして、「乗り物や、人がつくったものではないんだ」などとヒントを出しますと、にじ、くも、ほし、つき、ちきゅうなどが出されますから、選択肢をつくり、読んでみます。

そうすると、二文字の「くも」などより「ちきゅう」のほうがいいことに気づきます。しかし、ひこうきは空へというイメージから、詩人は「たいよう」へと広げています。さらに、「たいよう」とはいわず、「おひさま」としています。

ここは『たいよう』の違う言い方、絵本なんかに出てくることばで……」とヒントを出します。「おひさま」と書いて、ここまでをみんなで音読しながら、最後が「ぴょんぴょんぴょん」と三回くり返すことを強調します。

第四連は

とうとう（　　　　）をとびこえて
（　　　　）のほうへきえちゃった

と黒板に書きます。ちきゅう、ブラックホールなどのことばがあがります。高学年ですと、銀河、宇宙のかなた、無限、四次元など、漢字でも書けそうなことばが出されるところです。でも、詩人は、ずっと空間的に、目に見えるもので広げてきたイメージを、一気に時間的なイメージに転換しています。やはり、すごい！

「（じかん）をとびこえて」と考えた子がいました。そこから、みらい、かこなどが出され、「『みらい』を『おひさま』のようなやさしいことばでいうと……」とやりとりしながら「あした」を引きだします。気づいた子には大拍手……というところです。

はじめから読みながら、「ぴょんぴょんぴょん」で締めくくります。

さいごに、席の列ごとに連を決めて読み、読んでもらいながら、黒板の文字を消していきます。そして、詩画集の拡大コピーを記念に渡して終わりました。

＊ことばあそびの会……一九七七年九月に、川崎洋、武井照子、谷川俊太郎、田村民雄、坪井広、波瀬満子、藤森理代、寺田晃の八名で発足。筆者は会の創設まもないころからの参加メンバー。

＊詩は『誰もしらない』（国土社）所収。国語教科書（教育出版・三年上）の最初にも掲載されています（二〇一六年度）。

ひらがな学習と並行して

声に出して読む「あいたたた」

あいたたた　谷川俊太郎

あなにおちたよ
あいたたた

アイロンさわって
あっちっち

あるいてあせかく
あつ	いあさ

あきのあおぞら
あかとんぼ

あっちにあがった
アドバルーン

あのねあんこって
あまいんだよ

あらら あめだよ
あそべない

あきたよ あくびだ
ああああああ

一年生のひらがな学習をスタートさせるとき、この作品を子どもたちといっしょに音読することにしていました。わたしは文字指導を五十音順におこなっていましたので、一番に習った「あ」に注目しながら読んでもらうのです。

授業のはじめや終わりに、十分から十五分くらいを使って遊びます。音読といっても、いろいろな手を使います（ほんとうは口を使うのですが……日本語ってややこしい）。

いろいろな表情で読む

まず、いっしょに読んでみようと、声をあわせて読みます。書けなくても読める子がほとんどなのです。たいていは、棒読みというのでしょうか、小さい子たち独特の読み方（教室読み）になります。声をそろえようとするからでしょうか。もうちょっと感じを出して読んでみようと、わたしが二行ずつ読んで、まねをして音読してもらいます。

「あいたたた」や「あちっち」などは、おおげさに身振りを入れて読み、「あるいてあせかくあついあさ」はくたびれた感じで、「あのね……」は、いかにもおいしそうにやります。すると、最後のところは、「ああああああ」と読みながら、机に寝てしまうようなポーズをする子もいます。

つぎに、教室の座席の列ごとや、男女別などで読んでもらいます。掛けあいで、交互に読みあうこともできます。わたしがおおげさに読みますと、子どもの声はときどきそろわなくなるのですが、それでいいと思います。

ことばを遊ばせる

つぎは、これがことばを遊ばせるということなのですが、二行ずつの文を組み替えて読むんです。たとえば、

あなにおちたよ　あまいんだよ
アイロンさわって　あそべない
あるいてあせかく　あかとんぼ

などと、いろいろな組み合わせができて、それぞれに「いいじゃない！」などと楽しめるのです。

――「あなにおちたよあまいんだよ」って、注意が足りないってことを「あまいんだよ」って言うよね。「アイロンさわってあそべない」ってあたりまえだよね、ヤケドしちゃうじゃない。「あるいてあせかくあかとんぼ」って、赤とんぼも暑くてさ、飛びくたびれて歩いてんだよ――なんて、意味が通じてしまう。

一つめ・二つめのようなのもできれば、ナンセンスになってしまう三つめのようなものもできます。全部に「あまいんだよ」とつけて読んでみたこともあります。イメージがはじけるのでしょうか、おおいに受けます。

はじめは、わたしが思いつくままに組み合わせて読み、まねをして読んでもらって、何回かやってから、子どもが考えた組み合わせを読みます。たとえば、

あなにおちたよ　あかとんぼ
あるいてあせかく　ああああ
あきのあおぞら　アドバルーン
あのねあんこって　あっちっち

など、読んだとたんに頭のなかを思いがけないイメージが広がります。――赤とんぼ、どうしちゃったんだろう。歩きどおしで、もう汗びっしょり。あんこって、できたすぐは熱いんだって……。

ある学級では、子どもの発案で「アンパンマン」を入れてみようということになり、「あなにおちたよ　アンパンマン」「アイロンさわって　アンパンマン」「あのねあんこって　アンパンマン」などと読んだことがあります。なるほど、アンパンマンも「あ」ではじまることばですからね。この趣向も、みんなノリノリで読みあいました。

また、ある学級では、「あいたたた」の詩を書いた紙を黒板に貼ったままにしていたところ、休み時間や給食のときに、子どもたちが勝手に考えて、言いあっていました。そんなとき、一年生のクラスだとかならず出るのが、

あのねうんこって　くさいんだよ

という、つくりかえフレーズです。「うんこ」は、どんどん出さないと、こころの便秘になる……。

＊詩は『どきん』（理論社）所収。はせみつこ編『しゃべる詩 あそぶ詩 きこえる詩』（冨山房）にもとりあげられています。

二手に分かれて大声で掛けあい

机の上で「けんかならこい」

けんかならこい　　谷川俊太郎

けんかならこい　はだかでこい
はだかでくるのが　こわいなら
てんぷらなべを　かぶってこい
ちんぽこじゃまなら　にぎってこい

けんかならこい　ひとりでこい
ひとりでくるのが　こわいなら
よめさんさんにん　つれてこい
のどがかわけば　さけのんでこい

けんかならこい　はしってこい
はしってくるのが　こわいなら
おんぼろけっと　のってこい
きょうがだめなら　おとといこい

谷川俊太郎さんの『わらべうた』（集英社）に載っている「けんかならこい」を授業参観でとりあげたときのこと。

全員で読んだり、掛けあいをやったりして、まあ、机の上にあがってまでして、足を踏みならす始末。この詩の授業はだいたいこうなるので、わたしは驚きもしませんでしたが、参観された方は、「これが授業？」って思われたのではないでしょうか。

でも、答えがわかっちゃう授業とは違うので、興味深かったのではないでしょうか。子どものほうも、かなり当てずっぽうの発言でもいいという安心感からか、ふだん手を挙げない子が不意に手を挙げたりします。

ちょっとふりかえってみましょう。

第一連は、どこのお母さんが来た、お父さんも来たと、ざわざわしている空気を背中で感じながら、黒板にゆっくり書きます。声を出して読む子がいますので、つられて、読む声が大きくなってきます。「ちんぽこ」のところで、ちょっと騒ぎになりますが、知らぬ顔して、全員で読みます。このときは、まったくの棒読みですが、そのまま、第二連へすすみます。

第二連は、「さけ」のところを空欄にして、「何のんでこいでしょうか？」と問います。

のどがかわけば　（　　　）のんでこい

水／ジュース／コーラ／水／ビール／しょんべん／お茶など、いろいろな飲みものの名がつぎつぎに出されます。「さけ」

とぼそっと言った子がいましたが、すぐに「当ったりー！」とやらないで、いくつかの飲みもので選択肢をつくりました。このとき、何文字ぐらいが言いやすいのか、いっしょに考えあいます。

第三連ではまず、

おんぼろ（　　）のってこい

と、「ろけっと」の箇所を（？）にします。ここでも、「さんりんしゃ」「じどうしゃ」「馬車」「ひこうき」「ゆーほー」などがあがりましたが、第二連での「よめさんさんにん」という普通じゃない内容から推測をして、「あんまり乗れそうにないもの」というヒントを出したところ、「ろけっと」が言い当てられました。つぎに、

きょうがだめなら（　　）こい

とします。「きょうがだめなら……」にひかれて、

あした／あさって／こんど／いつか

などの未来形のことばが、つぎつぎに出ました。やはりここは非現実性ということから、「もう、すぎちゃった日のこと」をヒントにして、「きのう」を引き出しました。思わず「惜しいっ！」と言っちゃいましたが、すかさず、「おととい」と言って駆けよってきた子がいましたっけ。

はじめてこの授業を試みたのは十年ほどまえで、八王子市（東京）の二年生の教室でのことでしたが、「おとといきやがれ！」という捨てぜりふがあると知っていた子がいて、すぐ当てられてしまいました。最近買った『罵詈雑言辞典』（東京堂出版）にも、ちゃんと載っています（左はその引用）。

> **一昨日《おととい》来《こ》い**　もう二度と来るな、という意味の罵り言葉。今更、一昨日来るのは無理なところがこの啖呵の決め手である。恐らく江戸時代からの言葉で、明治・大正時代にはよく使ったが、近年は殆ど聞くことがない。「一昨日おいで」とも言う。江戸時代には「一昨日失（う）せろ」などとも言った。⇩失せろ
> ［罵］《そうしげしげと来ても、うちじゃあいらないよ。一昨日おいで》

板書が完成したところで、みんなではじめから読みます。あいかわらずの教室読みですので、「ここはひとつ、それらしく読もうじゃないか」と誘います。すると、一人芝居をして教室を沸かせるK君が、「けんかなら、こーい！」という調子で読んでくれました。そういう調子でということで、一度全員で読んでみました。だんだん勢いづいて、立ち上がってしまう子や「こーい！」と手招きする子などが現れました。

最後に、教室を窓側と廊下側に分けて、第一連と第二連を掛けあいで読みました。掛けあいでは自然に声が大きく出るだけでなく、そろってくるのがわかります。

第三連は全員いっしょに読みましたから、もうたいへん。身振りも大きくなり、机にまでのぼり、足を踏みならすという迫力でした。「こーい！」ではものたりず、「来やがれ！」と言いだす子も出てきました。その表情はじつにいきいきとしていました。いまでもありありと思い出すことができます。

詩のことば世界を創作体験

「あな」を穴埋めする

あな　　谷川俊太郎

はまべにあいた　あなひとつ
のぞいてみたら　かにがいた
みちでみつけた　あなひとつ
のぞいてみたら　ひとがいた
へいにあいてる　あなひとつ
のぞいてみたら　おこられた
からだにあった　あなひとつ
のぞいてみたら　うんこさん
そらにぽっかり　あなひとつ
のぞいてみたら　まっくらだ

谷川俊太郎さんの『いちねんせい』（小学館）という詩集から、授業にできそうな詩を選びました。黒板に書いたはじめの部分をノートに写してもらい、そのあと、穴埋め問題を考えながら仕上げていきます。

最初に題を書いてから、

「どんなところに、どんなあながあるかな」

と問いかけ、発表しあいます。

第一連と第二連は、黒板に書いたものをノートに写してもらって、それをみんなで声に出して読みます。二、三回読んだところで、

「写したり、読んだりしていて気づいたこと」

を発表してもらいました。

「あなひとつ」と「のぞいてみたら」がくり返しになっています。また、「〜がいた」が同じだという子もいます。これをリフレインといって、詩には大切な要素……とまでは言いませんが、詩にはくり返し（リフレイン）があると話します。

もうひとつは、音数律です。これはなかなか気づきませんでしたので、文字をチョークで数えるしぐさをヒントにしたら、何人かが見つけてくれました。指を折りながら、ゆっくり読んだりして、七・五のくり返しになっていることを確かめます。

さて、いよいよ穴埋めです。

第三連を七・五・七まで書いて、

へいにあいてる　あなひとつ
のぞいてみたら　（　　　　　）

「のぞいてみたらどうだったんだろう?」と問い、「おこられた」の部分を考えてもらいます。

いぬがいた／ひとがいた／にわがある／
ねずみいた／おんなのこ……

など、何かがいたという意見がほとんどでしたから、「お家のへいをのぞいたらどうなる?」「何か言われない?」とヒントを出してみました。すると、「しかられた」と言った子もいましたが、うーむ、違う言いかたすると……そう、「おこられた」って書いてあります。

つぎに、第四連。「うんこさん」のところです。

からだにあった　あなひとつ
のぞいてみたら（　　　）

身体のどの穴をとりあげるか、いろいろと答えが出てきます。口、鼻、耳、へそと出され、元気よく、おしりも発表され、大笑いになります。「じゃあ、自分が思うあなで、『のぞいてみたら……』を考えてみよう」。

べろがある／のどちんこ／みみくそが／
はなげがある／はなくそ……

などと、つぎつぎに手が挙がって発表されますが、文字を数えながら「多い」とか「少ない」とかたしかめている子もいます。

「谷川さんの詩では、腰から下のあなです」と言うと、おしりだと気づきます。そこから「うんち」が連想されるのですが、惜しい、うんちを違う言いかたをすると……?「ふん」「くそ」の声もありますが、「うんこ」がついに出ましたね。

そこで、五文字であることをたしかめて、「うんこ○○」と書き、考えてもらいました。

うんこです／うんこまん／うんこでた

「友だちを呼ぶときのことばなんだけどなあ」とヒント。すると、

うんこくん／うんこちゃん／うんこさん

が出され、第四連を読みながら、また、詩人が書いた作品だと言ってから、三択での挙手としました。なかなか勘がいい、多くの子が「うんこさん」を選びました。考えてみれば、「うんち」なら「くん」です。「うんこ（＝うん子）」だから「さん」が合うんです。違う表現を考えてみてわかる、詩人の言語感覚のすごみ!

最後の連は、「そらにあいた」ではなく、「ぽっかり」になっていることに注目しながら考えます。

そらにぽっかり　あなひとつ
のぞいてみたら（　　　）

あおぞらだ／ひこうきだ／おひさまだ／
おつきさま／にじがでた／ながれぼし……

「谷川さんは宇宙のことを考えてるんだ、だからこのあなは、ブラックホールです」と言うと、

すいこまれた／うずまきだ／まっくろだ

に続いて、「まっくらだ」が出ました。拍手です。

書いたり、音読したり、考えたり、聞いたり、そして発表されることばにイメージをふくらませて大笑いしたりの充実した一時間になりました。

後日の「まねっこ創作」

この作品のまねをして、後日、あまった時間を使い、十分くらいで作品づくりをしたところ、楽しい作品になりました。「まねっこ創作」の授業として構成することもできるのではないでしょうか。

くちのかんじに　あなひとつ
のぞいてみたら　のどちんこ
（たくや）

どあにちいさい　あなひとつ
のぞいてみたら　よっぱらい
（ひでき）

ずぼんにあいた　あなひとつ
のぞいてみたら　ちがでてた
（かずひと）

ふくにあったよ　あなひとつ
のぞいてみたら　むしくいだ
（えり）

ずぼんのおしりに　あなひとつ
のぞいてみたら　ぱんつさん
（なつみ）

めぐすりのさきに　あなひとつ
のぞいてみたら　めにぽつり
（ふゆね）

まちにあった　あなひとつ
のぞいてみたら　ちかつうろ
（けんすけ）

はたけにあいた　あなひとつ
のぞいてみたら　もぐらだった
（しんや）

絵つけも楽しい十人十色の世界観

「いろはがるた」に付け句する

いろはがるた

（谷川俊太郎作）から

いたい　くりのいが
ろぼっとが　ころんだ
はくしょん　くしゃみ
にじに　さわりたい
ほらあな　くらい
へたでも　へいき
……
ぬいだら　はだか
るねは　ふらんすじん
おばけの　はらいた
われたよ　くるみ
かりたら　かえせ
よこづなも　まける
たんぼに　かかし
れすとらんで　はんばーぐ

谷川俊太郎さんの子どもむけの詩集『どきん』（理論社）のなかに「いろはがるた」という作品があります。いろは順に

いたい　くりのいが
ろぼっとが　ころんだ
はくしょん　くしゃみ

というように、かんたんな文句（フレーズ）で書かれています。フレーズを前後に分け、前のことば（前句）から、各自オリジナルの後ろのことば（後句）を考えるまでの授業です。

はじめの三つくらいは、思いつくままに発表してもらいながら、谷川さんの「いろはがるた」のフレーズを黒板に書きます。

つぎに、ひとつをとりあげ、後ろのことばを考えて発表してもらい、黒板に書いていきます。ここでは、

りっぱな――

をとりあげました。すると、いきなり、

すりっぱ

を出した子がいました。これは、語呂合わせのことば遊びじゃありませんか。つぎつぎに手が挙がって、書ききれなくなりましたが、「かっぱ」「らっぱ」などの語呂合わせが出てくるんです。

たくさん出されましたが、「谷川さんはぜんぜん違うことを考えてるんだけど……」とヒントを出しますと、なんとまあ即座に「うんち」「うんこ」「おなら」などのことばが……。谷川かるたは、

りっぱな　うんこ

なのです。

おもしろくやりとりしたところで、あらかじめ準備しておいたプリントに、わたしが選んだ谷川かるたの前句を書きこんでもらいます。後の句（フレーズ）を考える遊びですから、いわば付け句遊びです。

今回は五つの前句をとりあげました。

後句を考えてもらって、書けた作品にあれこれ言いながら○をつけたり、紹介したり……。できたら絵札も書いてもらいます。

● **ときどき**

おなら（だいすけ）
どきどき（るい）
ハートのうんち（にいな）
ストライク（はるき）

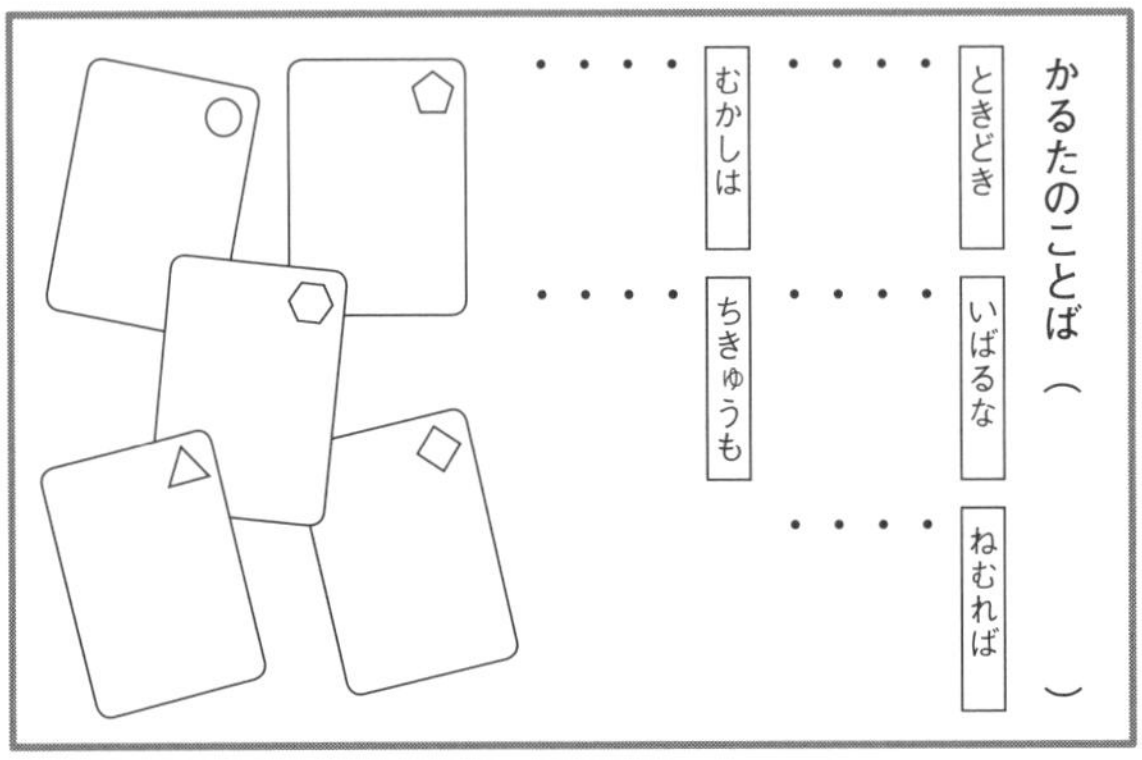

「ときどき」は、いつもどおりではなく、たまに起きることを表すときに使う語です。ほかにも、「あそぶ」「べんきょう」「ちこく」「ずるやすみ」「バイト」「デート」などたくさんありました。

そんなのありえなーいというのもありますね。これが、おもしろい。「ハートのうんち」がそうですし、「天国」というのもありました。「ストライク」は、ボール球ばかりのピッチャーや素人のボーリングが思いうかびませんか？

● **いばるな**

こらっ　ぶつぞ（みせん）
デデ、ありんこ（はるき）
一年ぽっくり（にいな）
スネオ（ひさし）

「先生」もふくめ、いろいろな人間（父母、いとこ、兄、弟など）がありました。「いぬ」「ねこ」の動物も出ています。

「一年ぽっくり」という表現は、この授業では、かならず何人かが書いてきます。「スネオ」のようなマンガネタは多くありません。

「いばるな」という語からは、やはり人間関係のことがリアルに浮かぶのでしょうね。

● **ねむれば**

ドラゴン（りのん）
ゆめのなか（ゆき）
ねぐせ（あきひろ）
あさ（るい）

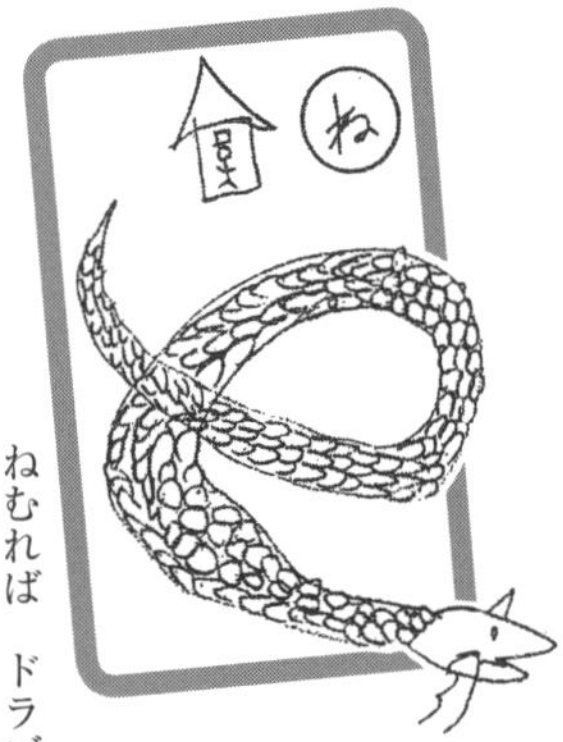

ねむれば　ドラゴン（りのん）

「ゆめのなか」は、十人近くの子が書いていました。「ゆめ」「ゆめを見る」などもありました。ほかに、「あせをかく」「こわいゆめ」「おねしょ」などが出ました。ほとんど自分の気分や身体にかかわることですが、「あさ」は少し客観的な表現です。

●むかしは

ちょんまげ　（ゆう）
あかちゃん　（ゆうや）
わかい　（ゆき）
おもらし　（あつき）
おれたちいない　（りゅうま）

「びんぼう」「ふるい」「きたない」「せんそう」など、子どもたちの着想には、過去の風俗や出来事としての歴史を意識したものがありました。「きょうりゅう」「えどじだい」などと書いた子もいます。子どもにとっての〈歴史〉のイメージが少しわかるような気がします。

もうひとつは、自分の生育にかかわる「むかし」です。「わかい」は、お父さん、お母さんなどを思っているのでしょうか。「おれたちいない」は、ふたつの〈歴史〉をつなぐような発想ではないかと思います。

●ちきゅうも

かぜをひく　（ゆうた）
かふんしょう　（ゆう）
ぐるぐる　（はづき）
オシャレしたい　（なつみ）

「まわる」「でかい」「いきている」などがありましたが、おおっと思えたフレーズをひろってみました。いくつかのものは、地球温暖化問題やエコのキャンペーン・フレーズにでもなりそうな……。

授業ではいうまでもなく、ほかの前の句をとりあげて、後の句を考えてもらうこともできます。

ちきゅうも　ぐるぐる（はづき）

最後に、谷川さんの「いろはがるた」では、それぞれがどんなフレーズになっているかを紹介しておきます。

ときどき　おねしょ
いばるな　しゃちょう
ねむれば　あした
むかしは　いど
ちきゅうも　おほしさま

和田誠「ことばのこばこ」から

「しりとりもんく」の文字鎖

ことばのこばこ①
くもの むこうに なにがある
あるぷすの ゆき あるのかな
かなだの もりか はらっぱか
ぱかぱか うまも かけていく
いくら よんでも きこえない
ないるのかわの そのむこう
こうもりたちが とんでいる
いるかのうみは なみあらく
らくだの さばく ながいかげ
かげろう ゆれる ちへいせん
せんろは どこまで つづいてる
てるてるぼうず ぶらさげながら
がらすの そとを みるたびに
たびに でたいと おもうよ ぼくも

和田誠『ことばのこばこ』（瑞雲舎）より

和田誠さんの『ことばのこばこ』という本のいちばんはじめにあることば遊び。十四行ぜんぶが、二文字つなぎのしりとりでつながっています。「くものむこうに」で始まり、「たびにでたいとおもうよぼくも」で終わっていて、しりとりがはじめにもどるように書かれています。そして、よく読むと、七五調のリズムになっています。これを五年生の授業でやってみました。

まず、わたしが作品を黒板に書き写していきます。子どもたちには、それを小声で読みながら、気づいたことを見つけておいてもらいます。七行（半分）を書いたところで、全員で読み、「二文字つなぎ」のしりとりになっていることと、七・五のリズムで書かれていることを確認します。しりとり部分を違う色のチョークで囲むとか、七・五で区切ってゆっくりと読み、しりとり部分を指で示しながら強調するなどします。

創作の技法が理解できればよいと思いますので、全体の半分（七行分）をくり返し読むことにしています。あるいは、あらかじめ模造紙に書いておき、まず半分だけを見せれば、書く手間が省けるでしょう。また、絵本のページを拡大機にかけて見せることもできます。後半部は絵本を読むのを聞いてもらったり、書いたものを見せて音読するくらいでよいのではないでしょうか。

しりとりで七五調という二点がたしかめられれば、創作（型はめ創作）をはじめられるでしょう。子どもの創作にあたっては、技法の制約をいくらかゆるくしています。一文字しりとりでもよいとか、七・五の文字数はあまり気にしなくてよいなどです。

子どもたちの作品をいくつかご紹介します。

わたしのおもちゃ
ちゃりちゃり音がした
たいこはまるい
いかをやいたら
らっぱがなったよ
よるのテレビ
びりびりやぶいたね
（松崎）

いるかがたのしくしおふきおどり
どりんくのんでおいしいな
いなりずしたべてたのしいよ
いよいよまつりのはじまりだ
りだりんりだりんすずのおと
おとうさんもはしゃいでる
（福岡）

くものむこうになにがある
あるくといえからはなれてく
てくりてくてくあるいてる
てるてるぼうずもちながら
がらすをつくるおとうさん
さんすうすいすいおもしろい
もしもしそうなのでんわです
てすとはこわいどうしよう
ようようついたらわれちゃった
（金森）

しりとりうたがうかばない
ないものはみえるかな
かなかなぜみがないている
いるかいないかわからない
ないるのかわでおよぎたい
たいのおかしらたべたいな
いないいないばあであかちゃんわらい
らいでんおとされきぜつする
するめをたべてあごがはったつ
たつのこくったらどうなるかな
かなだのたびにでてみたい
たいをつってみせるんだ
んだんだとばあちゃんがうなずいた
いたいといいながらずっこけた
けたけたとぶきみなわらい
らいらいけんにたべにいこう
（根津）

和田さんの作品は、ひとつのストーリーになっています。はじめからそううまくはできませんから、一文ずつが独立していてもいっこうにかまいません。しりとりの音から思わぬイメージが広がります。「りだりんりだりん」「てくりてくてく」のようなオノマトペ、ふっと思い出したような「らいらいけん」など、おもしろいことばでつながっていますね。このようなつなげ方を「文字鎖」といい、短歌をつくるときの技法のひとつだったそうです。

ねじめ正一「あいうえおにぎり」

お段のことばと副詞を見つけて

あいうえおにぎり　ねじめ正一

あいうえおにぎり
ぺろっとたべて
かきくけころっけ
あつあつたべて
さしすせそーめん
するするたべて
たちつてとんかつ
むしゃむしゃたべた。
なにぬねのりまき
ぱくっとたべて
はひふへほかまん
ふうふうたべて
まみむめもなか
もぐもぐたべた。
やいゆえよーかん
まるごとかじり
らりるれろっぱい
ごはんをたべて
わいうえおもちも
んとたべた。

ねじめ正一さんの『あいうえおにぎり』（偕成社）という子ども向けの詩集のいちばんはじめにあるのが、この詩です。おにぎり、ころっけ、そーめん、とんかつ……など、五十音各行の「お」段からはじまる食べものの名前が入っています。

授業ではまず、作品を書いた模造紙を黒板に掲示するか、各自にプリントを配って、二回ほど読みます。一回めは「お」段のつながりを強調し、二回めは「あつあつ」「ぱくっと」などのことばをハッキリさせながら。そして、型はめ創作は、左のようなプリントをつくって、穴埋めふうにまねっこしてもらいます。

あいうえ（　　）［　　］
かきくけ（　　）［　　］
さしすせ（　　）［　　］
たちつて（　　）［　　］
……

「こ○○○」「と○○○」……など各行の「お」段からはじまることばを見つけることと（しりとりと同じですね）、「ぺろっと」「まるごと」……など、動詞を修飾することば（副詞）を使ってみようというのがテーマです。二年生の教室での試みです。

あいうえおんがく　いっぱいきいて
かきくけこいんを　いっぱいもらい
さしすせそうじき　おおそうじ

たちつてとことこ　とことこあるき
なにぬねのうみそ　ぱかっとわれて
はひふへほんを　すくすくよんで
まみむめもずくを　もぐもぐたべた
（かなえ）

あいうえおとうふ　もぐもぐたべた
かきくけこおろぎ　ないている
さしすせそーすを　いっぱいかけて
たちつてとんかつ　むしゃむしゃたべて
なにぬねのりも　いっぱいのって
はひふへほしが　わらってる
まみむめもりを　いっぱいあるき
やいゆえようかん　まるごとかじり
らりるれろしあへ　りょこうにいって
わいうえおかきを　んーとたべた。
（なるみ）

あいうえおりがみ　じょうずにおって
かきくけこーら　しゅわしゅわのんで
さしすせそらを　じっくりながめ
たちつてとんかちで　どんどんたたく。
なにぬねのんきに　ひるねして
はひふへほしを　つかまえて
まみむめもーもー　うしがなく。

やいゆえよりみちで　おかあさんにおこられた。
らりるれろうそくに　ひをつけて
わいうえおかきを　どっさりたべた。
（こよみ）

あいうえおんがく　じっくりきいて
かきくけこーろぎ　ないている。
さしすせそーすを　ぺろっとなめた。
たちつてとんぼが　わらってる。
なにぬねのりもの　いっぱいのって
はひふへほしが　きらりとひかる。
まみむめもちが　びゅーんとのびて
やいゆえよもぎだんご　まるごとたべた。
らりるれろうそく　しずかにつけて
わいうえおかあさんに　おこられた。
（きなり）

「お」段で始まることばが、いろいろなものごとや、鳴き声・物音などのオノマトペを呼びだして、バラエティ豊かにとりあげられています。食べものだけに限定した授業もできるでしょう。グループで創作する授業をし、できた作品を声を合わせて読むとおもしろいでしょうね。

教科書では、擬音語・擬声語はカタカナ表記をすすめていますが、擬態語との境目がはっきりしません。「つるつる」か「ツルツル」か、オノマトペの表記はすきずきでいいのではないかと思います。

岸田衿子「へんなひとかぞえうた」

だれがどうした「かぞえうた」

へんなひとかぞえうた

岸田衿子

いちくん
いちごの
たねだけたべた

にーくん
にぼしの
かばやきたべた

さんくん
さといも
すなふってたべた

よんくん
ようかん
よくにてたべた

ごーくん
ごまの
かわむいてたべた

ろくくん
ろーるぱん
ほどいてたべた

ななくん
なっとう
あらってたべた

はちくん
はまぐり
からごとたべた

きゅうくん
きゅうりを
くさらしてたべた

じゅうくん
まんじゅう
つぶしてたべた

岸田衿子『かぞえうたのほん』（福音館書店）より

学芸会（学習発表会）で「かぞえうたメドレー『数字のちゃちゃちゃ』」という音読形式の発表をしたとき、メドレーのなかにこの作品をとりいれました。台本はオリジナルです。

百人あまりの二年生が一から十までのチームに分かれて、かぞえうたのそれぞれの数字の部分を受け持ちます。まず、一フレーズをチームの一人が読み、続けてチーム全員がくり返します。それを十までつなげていくというシナリオです。

上の詩は、文字どおりの「へんなひと」ばかりなので子どもはおもしろがって、練習中から自然に大声になり、楽しい舞台に仕上がりました（台本では「くん」の部分を「ちゃん」に変えて、小さい子たちに読みやすくしました。岸田さん、すみません！）。

さて、学芸会後の授業では、会で使った台本を一度読み、「いち—いちご」「にー—にぼし」のように、最初の音が同じになっている点をたしかめてから、創作をします。とりあげることばは食べものでなくてもよいことにしました。

一人ひとり、「いち」から「じゅう」までを創作してもらったのですが、十通りのフレーズすべてが「うまいなあ」とはいきません。また、数によっては、台本（つまり原作）と同じフレーズを書いていた子もいました。

そこで、そのような文をさけて、「いち」から「じゅう」まで、各三つずつのフレーズをひろってみました。

（ちあき）

いっちゃん

・いすを　こわしてすわる

・いなごの　くろやきたべた　（しょうたろう）
・いしを　あらってかざる　（れん）

にいちゃん

・にこにこ　にっこりわらう　（えりか）
・にほんを　まるごとたべた　（けんじ）
・にぼしの　たまごをたべた　（あゆむ）

さんちゃん

・さばくで　さそりをたべた　（みき）
・さんぽして　みちくさたべた　（りさ）
・サンタクロースの　うんこをたべた　（ゆうき）

よっちゃん、しいちゃん

・ようちゅう　あらってたべた　（みなみ）
・よーよー　ばんばんなげる　（かな）
・しっぱい　しくしくないた　（ゆりこ）

ごうちゃん、ごうくん

・ごまみそ　ごまだけたべた　（みさき）
・ごりらの　けつあらい　（りか）
・ごりらの　ろっこつたべた　（みき）

ろくちゃん、ろくくん

・ろくろっ首　ちぎってたべた　（ゆうき）
・ロケット　とばしておちた　（ひろな）
・ろうそく　あわててたてた　（みなみ）

ななちゃん、ななくん

・なっとう　はこごとたべた　（みさき）
・なすの　へただけたべた　（しゅうへい）
・なつに　デートをしてた　（ひろな）

はっちゃん、はちくん

・はっぱを　いっきにたべた　（けんじ）
・はちの　はりだけたべた　（ゆうき）
・はちに　ぶっさされたよ　（ようすけ）

きゅうちゃん、きゅうくん

・きゅうこん　けんきゅうしてた　（ちあき）
・キウイの　たねだけたべた　（まゆ）
・きゅうりに　ハチミツかけた　（ひかる）

じゅうくん

・じゅうじか　ぷらすにみえた　（ゆうか）
・じゅくに　あわてていった　（れん）
・ジュージュー　ステーキたべた　（りょうすけ）

発表会の練習でくり返し音読しましたから、音数が整っている作品が多く、語尾がそろう作品も多くありました。たとえば、「デートをしてた」のように省略して音数をあわせたり、「ぶっさされたよ」などと調子よく書かれているものもあります。また、「さばくで　さそり」とか「しっぱい　しくしく」「はちの　はり」「きゅうこん　けんきゅう」などと、同じ音に合わせているのもあります。

まあ、それにしても「たべた」が多いわけですが、「だけ」「まるごと」など、もとの作品にあることばも巧みに拝借されています。印象深い言いまわしなのでしょうね。

川崎洋「言葉ふざけ」

「さかさことば」でまねっこ創作

言葉ふざけ　川崎洋

さかさのさかさはさかさ
八百屋《やおや》のさかさも八百屋
スイスのさかさもスイス
パパのさかさもパパ
ママのさかさもママ
耳のさかさも耳
ミルクのさかさは胡桃《くるみ》
イルカのさかさは軽《かる》い
マントのさかさはトンマ
貝《かい》のさかさは烏賊《いか》
砂《すな》のさかさは茄子《なす》
鯛《たい》のさかさは板《いた》
手袋《てぶくろ》のさかさはろくぶて
ろくぶて　六つぶて
いたいのさかさはいたい

アハハのさかさはハハア
こ猫《ねこ》のさかさはこ猫
いないのさかさもいない
傘《かさ》のさかさは坂《さか》
鰐《わに》のさかさは庭《にわ》
草《くさ》のさかさは咲《さ》く

川崎さんの詩「言葉ふざけ」（川崎洋『象』思潮社所収）をとりあげ、「さかさことば」というまねっこ創作をしました。

さかさことばには、

① さかさに読んでも同じことば（回文）

② さかさに読むと違うことば（倒言）

があります。川崎さんのことば遊び作品は、単語で①と②をとりあげています。「パパ」「耳」などの連音ことばも①と考えていいでしょう。わたしはさらに、

③ さかさに読むと意味がない

というのも入れてもよいことにしています。意味のないナンセンスなことばの語感が楽しめます。また、子どもはさかさにしているだけでしょうが、おとなが読むと意味を理解できるという場合もあるのです。

おたがいに言いあったり、聞きあったりしながらつくっていますので、重複しているものも少なくありません。なるべく重複をさけて、一人の作品から四、五個ずつひろってみます（二年生）。

しんぶんしのさかさは　しんぶんし
さけのさかさは　けさ
ぶりぶりのさかさは　りぶりぶ
てのはんたい　て
（かいと）

タイヤのはんたい　ヤイタ
とまとのはんたい　とまと
目のはんたい　目

字のはんたい　字
（あやか）

むしのはんたいは　しむ
はなのさかさことばは　なは
かめのさかさは　めか
めだかのさかさことばは　かだめ
（りょうた）

たいいくのさかさは　くいいた
やまのさかさは　まや
すいかのさかさは　かいす
あかのさかさは　かあ
だるまのさかさは　まるだ
（ゆりこ）

けんじのさかさは　じんけ
トイレのさかさは　レイト
木のはんたいは　木
きすのはんたいは　すき
（けんじ）

まどのさかさは　どま
たねのさかさは　ねた
きつつきのさかさは　きつつき
かじのさかさは　じか
（みさき）

まさきのはんたいは　きさま
たきのはんたいは　きた
むかいのはんたいは　いかむ
かぶのはんたいは　ぶか
（まさき）

「ぶりぶりのさかさは　りぶりぶ」「たいいくのさかさは　くいいた」などのフレーズ、りぶりぶ、くいいたなんて、ほぼ意味はありませんが、なんだかおもしろい響きです。それに、連音ことばどころか、子どもの手にかかると、「てのはんたい　て」「字のはんたい字」のように、一文字の単語をさかさにしちゃってます。また、「じんけ」「きさま」は、自分の名前のさかさことばです。

このような自在さが、ことば遊びを楽しく魅力あるものにしてくれるのではないかと思います。

ところで、三文字以上のものを書き写していますと、さかさではなく並べかえると意味のあることばになるものがあることに気づきます。並べかえは、「アナグラム」という遊びです。紹介した子どもの作品のなかのことばをアナグラムにしてみましょう。

むかい→かむい、むいか　　　トイレ→トレイ
けんじ→じけん　　　だるま→だまる
たいいく→くいたい　　　めだか→だめか、かめだ

三文字ことばのアナグラムは、「ことばさがし」のひとつの技法だといえるでしょう。

中江俊夫「たべもの」

オノマトペからの連想創作

たべもの　中江俊夫

もこもこ　さといも
ほこほこ　さつまいも
はりはり　だいこん
ぱりぱり　たくあん
ぽりぽり　きゅうり
かりかり　らっきょう
つるつる　うどん
ぬるり　わかめ
ねとねと　なっとう
くるんくるん　こんにゃく
しこしこ　たこ
しゃきしゃき　はくさい
こりこり　こうめ
ぷりんぷりんの　とまと
ぴんぴんした　たい
あつあつの　ふろふきだいこん
ほかほかの　ごはん

わたしが教員になったころに出版された中江俊夫さんの少年詩集『うそうた』(理論社) にでている「たべもの」という詩です。(　) のところにどんな食べものを入れたらよいかを考える型はめ創作の授業をしました。

もこもこ　さといも
ほこほこ　さつまいも
はりはり　だいこん
ぱりぱり　たくあん
ぽりぽり（　　　　）
かりかり（　　　　）
つるつる（　　　　）
ぬるり　わかめ
ねとねと（　　　　）
くるんくるん（　　　　）
しこしこ　たこ
しゃきしゃき（　　　　）
こりこり　こうめ
ぷりんぷりんの（　　　　）
ぴんぴんした　たい
あつあつの　ふろふきだいこん
ほかほかの　ごはん
いただきまーす

「いただきまーす」は原作にはありませんが、音読したときの締めくくりとして、わたしがつけたしました。

かりかり、しこしこ、しゃきしゃきなど、食材のイメージや料理の食感を表しているオノマトペ、そこからどんな食材・食べものが連想できるでしょうか。一人ひとりに考えてもらってもいいですし、グループで相談しあってつくることもできます。

この一年生の授業では、グループでつくって発表してもらうというプランにしました。前半と後半の数行は省略して紹介します。

ぽりぽり　きゅうり
かりかり　かりんとう
つるつる　うどん
ぬるり　わかめ
ねとねと　なっとう
くるんくるん　ろーるけーき
しこしこ　たこ
しゃきしゃき　れたす
こりこり　こうめ
ぷりんぷりんの　とうふ

（みく・ゆうき・かなえ・ゆい）

ぽりぽり　ぽっきー
かりかり　ぽてとちっぷす
つるつる　そーめん
ぬるり　わかめ
ねとねと　おくら
くるんくるん　けーき
しこしこ　たこ
しゃきしゃき　れたす
こりこり　こうめ
ぷりんぷりんの　ぜりー

（ゆうと・よしみ）

ぽりぽり　きゅうり
かりかり　かりんとう
つるつる　ゆでたまご
ぬるり　わかめ
ねとねと　なっとう
くるんくるん　ばーむくうへん
しこしこ　たこ
しゃきしゃき　きゃべつ
こりこり　こうめ
ぷりんぷりんの　ぷりん

（ひなた・はるな）

ぽりぽり　せんべい
かりかり　こおり
つるつる　らーめん
ぬるり　わかめ
ねとねと　なっとう
くるんくるん　ぺろぺろきゃんでぃ
しこしこ　たこ
しゃきしゃき　きゃべつ
こりこり　こうめ
ぷりんぷりんの　ぷりん

（まさき・ゆうと・あいり・ひさか・かずき・はるき）

じつにさまざまな食べものが出てきましたね。原作には入っていないお菓子、しかも商品名まで入っています。

おことわりしておきたいことがあります。子どもは、キャベツ、ロールケーキ、プリン、レタスなどとカタカナ表記をしていますが、原作がひらがなで書かれていますので、すべてひらがな表記にしました。でも、「けーき」「ぽっきー」などと、カタカナ表記ふうになっています。「けえき」「ぽっきい」が正しいのでしょうが、そこは詩人も使ったりしますから……。

とりあげられている食べものの種類と「ぽりぽりぽっきー」のように韻を踏んでいる部分に注目です。なお、（　　）と空欄にする部分は、子どもに応じて、増やしても減らしてもいいのではないでしょうか。

ことば遊び作品集

わたしがいままでに読んで参考にしてきた「ことば遊び」の詩集・作品集をご紹介します。

＊作者名のあいうえお順に並んでいます。巻末には、テーマ・技法別のブックガイドがあります。あわせてご覧ください。

★個人作品集（一九八二年—二〇〇六年刊）

- 石津ちひろ『**ことばあそび玉手箱**』（小学館）
- 内田麟太郎『**きんじょのきんぎょ**』（理論社）
- 川崎洋『**どんどんちっちどんちっち**』（学研）
- 川崎洋『**だだずんじゃん**』（いそっぷ社）
- ことばと遊ぶ会編『**ことば遊び 絵事典**』（あすなろ書房）
- 五味太郎『**絵本ことばあそび**』（岩崎書店）
- 島田陽子『**大阪ことばあそびうた**』『**続・大阪ことばあそびうた**』『**おおきにおおさか**』（以上、編集工房ノア）
- 谷川俊太郎『**どきん**』（理論社）
- 中江俊夫『**うそうた**』（理論社）
- ねじめ正一『**あいうえおにぎり**』（偕成社）
- ねじめ正一『**がっこうのうた**』（偕成社）
- まど・みちお『**にほんごにこにこ**』（理論社）
- まど・みちお＋坂田寛夫「**まどさんとさかたさんのことばあそび**」シリーズ全五巻（小峰書店）
- 和田誠『**ことばのこばこ**』（瑞雲舎）
- 和田誠『**パイがいっぱい**』（文化出版局）

★アンソロジー（一九九五年—二〇一五年刊）

- 伊藤栄治編『**ことばあそび1年生**』～『**ことばあそび6年生**』**全六巻**（理論社）
- 小池昌代編『**かさぶたってどんなぶた**』（あかね書房）
- こどもくらぶ編「**世界のことばあそび**」シリーズ全五巻（旺文社）
- 齋藤孝編「**声にだすことばえほん**」シリーズ全十七巻（ほるぷ出版）
- はせみつこ編『**しゃべる詩 あそぶ詩 きこえる詩**』★『**みえる詩 あそぶ詩 きこえる詩**』★『**おどる詩 あそぶ詩 きこえる詩**』（以上、冨山房）

★はCDがフォンテックから発売

- 半沢幹一監修「**あそんで身につく日本語表現力**」シリーズ全四巻（偕成社）
- 水内喜久雄編著『**子どもといっしょに楽しむことばあそびの詩100**』（たんぽぽ出版）

V もっと楽しく ことば遊びのカルタと本

もう何十年も、ことば遊びの絵本や児童書をコレクションしています。一年ごとに、それらについての論考を書いてきました。読むだけでなく、どんな技法でつくられているかを楽しむのです。ここでは、そのなかから、楽しいカルタと本をご紹介します。

前半では、六つのカルタをことば遊びの技法に応じた遊び方で紹介してみました。後半はブックリストです。技法ごとに整理してみました。詩人や絵本作家たちの面目躍如の作品が勢ぞろい。読み聞かせや授業づくりの手がかりに、そして、ことば遊びの極意と可能性を見つけていきましょう。

日本語カルタの活用術

カルタ遊びの可能性

　ふつうカルタ遊びというと、五〜八人くらいのグループで、読み手を決めて遊びます。それも楽しいですが、教室の全員で同じカルタを楽しめないかと考えました。あるいはグループ遊びであっても、読み手が交替できるようにできないか、ことば遊びの技法にそくして読み方・取り方を工夫できないか、と考えました。

　ここに紹介する六つのカルタは、それぞれに技法が違います。技法の違いが遊び方の違いとなります。

『たべものかるた　あっちゃんあがつく』……ひらがなカルタ（たべものさがし）

『あいうえおんカルタ』……アクロスティック（三行ばなし）

『へんしんかるた』……アナグラム（綴りかえ）

『かいけつゾロリのおやじギャクかるた』……だじゃれ

『新版　101漢字カルタ』……漢字のなりたち

『江戸いろはかるた』……ことわざ

　カルタ遊びを認識論的に考えてみます。読み札は概念的な表現ですから、取り手は、読まれたことばから連想できる経験や感覚をイメージ化し、絵札（表象）と照らしあわせて札を選んでいます。概念→経験や感覚→表象の〝のぼり・おり〟を瞬間的に体験できる遊びではないでしょうか。

　もちろん、ことば遊びの技法によって、学ぶことのできる日本語のおもしろさ・豊かさには想定外のものがあると思われます。まだまだ実践的には未完であり、新たな知見が生まれる余地が残されていると思います。

共通の遊び方の工夫

　どのカルタ遊びでも、以下をコンセプトとしています。

1　クラスみんなで一つのカルタを遊ぶ
2　みんなが読めるようにする
3　読み方を工夫する

学級での遊び（班対抗ゲーム）

❶…クラスの児童数にあわせて、六〜八

のグループをつくり、机を寄せて座ります。各班に同じ枚数ずつ取り札を配ります。

❷…最初のうちは教師が読み手になります。なれてきたら、班内で読む順番を決めて、一班の一番から前に出てきて読み札を取り、読み上げます。つぎは二班の一番の子です（各班の一番の子に読み札を持って待たせると、スムーズに進行できるでしょう）。この方式なら、読む練習もできますし、班どうしで競うので、読み手としてメンバーが抜けてもさしつかえありません。

❸…取れた札は裏返していき、すべて裏返ったら「あがり・パーフェクト」で勝ちとなります。

＊あがりの班が出た時点での裏返し札の数で順位を決めてもいいですし、ゲームをさらに続けてもいいと思います（続ける場合、あがった班に読み手をまかせてもよい）。

＊あがりの班が出たとき、一枚も裏返っていない班があったら、表むきの札の枚数で勝敗を決める〝どんでん返し〟というサプライズ・ルールもおもしろいでしょう。

ひとひねり…各班に九枚ずつ配ることができる場合には、3×3の形に並べて、ビンゴゲームにすることができます。「ビンゴ勝ち」と「パーフェクト勝ち」が同じグループになるとはかぎりません。黒板に順位を書いていくことでゲームは盛り上がるでしょう。

グループでの遊び（五〜七人で）

❶…取り札を広げたら、読み札を全員に配ります。あらかじめ決めておいた順に、読み札を読みます。つまり、読み手が順ぐりに交替するのです。

❷…読み手になったら、取り札をとれないことにしておきます。

＊読むのがむずかしいと思われる札は、次の読み手が練習できるようにします。その場合、二人が取れない状態でゲームを進めることになります。

❸…取り札を取った子には、読み札を渡します。こうすると、最後まで机の上の取り札が減りません。また、取った子は、読み札のことばをもう一度読みなおす楽しみもあります。

❹…取った札が多い順に勝敗が決まります。

＊ルールは適宜変更してください。

六つのカルタの遊び方のコツ

それでは、技法の違う六つのカルタの遊び方のコツをご紹介していきましょう。

さいとうしのぶ 作／原案 みねよう
たべものかるた あっちゃんあがつく（リーブル）
読み札・取り札＝69組

取り札（絵札）に書かれた食べものはカラフルで、どれもおいしそう。札を見ればたいていの食べものの名前がわかります。

遊び方　**「か」の例**

❶…読み手は、「かっちゃん　かがつく」までを読みます。

❷…取り手は「か」の取り札をさがし、見つけたら、絵を見て「かすてら！」と、描かれた食べものの名前を大きな声で言いながら、取ります。

❸…取られたところで、読み手は、「かすてーら」と、最後の文句を読みます。

ひとひねり…学級で遊ぶときには、読み札の前半が読み上げられたところで、「か」がつく食べものを思いつくままに言ってもよいことにすると、おもしろいかもしれません。また、取り札が取られたところで、全員で「かっちゃん　かがつく……」と唱えても楽しいでしょう。

あきびんご 作

あいうえおんカルタ（くもん出版）

読み札・取り札＝89組

さると
つるが
るすばん

「あ」から「ん」の五十音だけではなく、濁音や拗音などまで、八十九組の札があります。学級での遊びや、ビンゴゲーム（前述）にして遊べるカルタです。

「がちょうの　がっしょう　がぁがぁがぁ」というように、読み札はとても短い三行のことばで書かれています。なかには、「さると　つるが　るすばん」（るの札）のように、最初の文字にその音がない唱えことばのものもあります。

遊び方　**「る」の例**

❶…読み手は、「る」の文字をはっきり言いながら、ゆっくりと読んでいきます。

❷…唱えことばのなかで、さがす文字が二回、三回と読まれますから、取り手はフレーズを聞きなおさずに取れるはずです。「るーるー」などと言いながらさがすことになります。

ひとひねり…読み札の唱えことばはすべて三行で書かれていますから、二行まで読んで、文字で取り札を見つけ、その絵を見ながら、三行目のことばを考えるのです。「る」の絵札を見て「るすばん」とはすぐに思いつかないでしょうし、動詞や副詞（オノマトペ）などはちょっと考えどころですが、すぐわかるように描かれている札もあります。

あきやまただし 作

へんしんかるた（金の星社）

読み札・取り札＝46組

たいほう うって
たいほう たいほう…
たいほうたいほうたい
ほうたい

アナグラム、つまり文字の綴りかえの技法でつくられています。十五冊のへんしん絵本シリーズが出版されており（102ページで紹介）、そのカルタ版です。

遊び方　**「たいほう・ほうたい」の例**

❶…読み手は、はじめの「たいほう　うって　たいほう　たいほう……」のところまでを読んで、太字になっている「たいほうたいほうたい」の部分を唱えつづけます。

❷…取り手は、よく聞いて、どんなことばに変身するかを考えて、取り札をさがします。わかったら、「ほうたい！」と大きな声で言って、取り札を取ります。

ひとひねり…学級で遊ぶときは、「あっちゃんあがつく」と同じように、思いついた答えを自由に唱えてもよいことにすると、おおぜいで楽しめるでしょう。

原ゆたか 作
かいけつゾロリのおやじギャクかるた（ポプラ社）

読み札・取り札＝46組

五十冊以上が出版されている、ご存知「かいけつゾロリ」シリーズのだじゃれカルタ。わたしの経験では、小学校二年生の後半くらいから、多くの子がだじゃれをわかるようになるようです。

遊び方 **「み」の例**

❶…「みたらしだんごを　みたらしい」という唱えことばのうち、読み手は「みたらしだんごを」まで読んで、続くだじゃれを取り手に考えてもらいます。くり返し読んでもいいでしょう。

❷…取り手は、わかったら、「みたらしい！」と言いながら取ってもいいでしょう。最初の音「み」だけでも取り札をさがせますし、絵からだじゃれを連想することもできます。つまり、文字からでも絵からでもさがせます。

伊東信夫・宮下久夫ほか 作／金子都美絵・絵
新版　101漢字カルタ（太郎次郎社エディタス）

読み札・取り札＝101組

読み札には「絵と唱えことば」、取り札には「古代文字と楷書」が書かれています。絵→古代文字→楷書と、漢字のなりたちがわかるカルタです。

単行本『漢字はみんな、カルタで学べる』には、このカルタとともに『98部首カルタ』『108形声文字カルタ』の遊び方がくわしく解説されていますが、グループでの遊び方が主です。そこでわたしは、学級での遊び方を考えてみました。

97ページで紹介したビンゴ方式での遊び方だと、四十人の学級でも遊べるでしょう。

「一〇一漢字」は学年別漢字ではなく、部首や形声文字の学習を見通した基本漢字です。二、三年生でも十分楽しめます。一年生にとっては未習の漢字もふくまれていますが、学年によって遊び方を工夫してみてください。

遊び方 **「手」の例**

❶…読み手が「ごほんゆび　ぱっとひらいた」までを読み、取り手はどんな漢字かを考えながら、取り札をさがします。

❷…一回読んで取れなかったら、もう一度読み、二度目は「手のかたち」まで読みきります。「手」のところを強調して読んで、

取り札に導きます。

❸…取れたら、取り札に小さく書かれている「て・シュ」という読みを読み上げるのもいいでしょう。また、読み札と取り札を並べて見ることで、なりたちがよく理解できます。

ひとひねり…枚数の多いカルタなので、グループをつくってビンゴゲームができます。十グループでも、九枚ずつ配って九十枚（九十字）で遊べます。

一、二グループがビンゴになったところでゲームを終了して、各グループの手元にある九枚の札でできる「あわせ漢字」や熟語づくりをしましょう。とちゅうで二グループをいっしょにして十八枚で漢字・熟語づくりを楽しむこともできます。

ことわざ 江戸いろはかるた

いろはかるたは、子どもにことわざを教えるために伝えられたといわれています。イロハからはじまる四十七文字に「京」の字を最後につけて、四十八文字。その文字が頭につくことわざが唱えことばになっています。

上方から江戸に伝わったといわれ、伝えられるうちに違うことわざと入れ替えられために、大阪・京都・江戸それぞれ少しずつ、ことわざが違っています。「江戸いろは」は、最初の「い」の札が「犬も歩けば棒にあたる」なので、「犬棒カルタ」とも呼ばれます（ちなみに、京都版は「一寸先は闇」、大阪版・尾張版は「一を聞いて十を知る」のようです）。

ことわざは、「犬も歩けば／棒にあたる」「貧乏／ひまなし」のように、たいていは文を二つに分けられます。教科書でことわざを学ぶのは三年生ですが、あるていど学習したところで、この特徴をいかして遊ぶのがいいでしょう。一方、小さい子は意味がわからなくても、ふつうにカルタとりをして遊ぶだけで、ことばのリズムや絵のおもしろさを楽しむことができます。

「いろはかるた」や「ことわざかるた」は数多く出版されています。上の写真は、大石天狗堂の札です。

遊び方　「ひ」の例

❶…ことわざの学習のなかで「いろはかるた」をとりあげていたら、また高学年でしたら、読み手は「びんぼう」までを読み、取り手が「ひまなし」と声を出しながら札を取ることにしましょう。

❷…ことわざ学習の経験がなくても、一気に「びんぼうひまなし」と読み上げて、「ひ」の札をさがし、見つけたところで、みんなでもう一度唱えることにすると、意味はわからなくても、ことわざ独特の言いまわしやリズムを学ぶことができるでしょう。

ひとひねり…「いろはかるた」はたくさん出版されていますから、数個用意して、読み札一セットと、取り札を二、三セット使えば、グループでの遊びができます。もちろん、ビンゴ方式でのゲームも可能です。数種のかるたを使う場合には、取り札の絵の違いも楽しむことができるでしょう。

ブックガイド 本で読むことば遊び

＊各項目の後ろに関連ブックリストがあります。作者名のあいうえお順に並んでいます。
＊ことば遊びとふつうの文章とで書かれた物語作品には、★印がついています。

回文（アナグラムの技法）

上から読んでも、下から読んでも、同じ読み方になる語句（単語・フレーズ）を回文といいます。「新聞紙」「きつつき」「トマト」などの単語、「竹やぶやけた」「ダンスがすんだ」「わたしまけましたわ」などのフレーズがよく知られています。以前、「あいうえお」というテレビ番組（ＮＨＫ教育、現・Ｅテレ）のなかで、つぎの七文字のフレーズが紹介されていました。

- たいやきやいた
- るすになにする
- まくらからくま

回文のおもしろさは、上からも下からも読めるフレーズが、常識とは違うような意味になって、思いがけないイメージが広がるところにあります。ですから、絵があると、おもしろさがよくわかります。

「まくらからくま」などは、なんだこりゃという感じの文ですが、寝ている枕の横っちょからクマの人形が出てくる場面をＣＧ画像で見せてくれていました。この、ちょっと無理を通しちゃうようなイメージを楽しむのが回文という遊びです。

回文を集めた本や「創作回文集」といったおもむきの本は、わたしの知っているだけでも二十冊以上出版されており、この遊びの裾野の広さをうかがえます。児童書のなかにも十冊以上あるでしょう。そのなかから、石津ちひろ＝作／長新太＝絵『**まさかさかさま動物回文集**』（河出書房新社）をご紹介します。

タイトルどおり、さまざまな動物の名前が折りこまれた回文です。覚えやすそうなものをいくつかひろっておきましょう。

- ぞうくんぱんくうぞ
- きつねはりきりはねつき
- いかゆらゆらゆかい
- よつたとらふらふらとたつよ
- だめなからすやすらかなめだ

一読では意味がわかりにくい文もありますが、ちゃんと下のほうに漢字・カタカナ交じりの文が書かれ、さらに長新太さんのシンプルな絵がイメージをつくってくれます。

——ほかにもいろいろ——

・石津ちひろ 作／藤枝リュウジ 絵
『**ぞうからかうぞ**』BL出版

・石津ちひろ 作／藤枝リュウジ 絵
『**よるくまくるよ**』同前

・石津ちひろ 作／高畠純 絵
『**ぞうまうぞ・さるのるさ**』ポプラ社

・石津ちひろ 作／荒井良二 絵
『**ハナちゃんとバンビさん　カーニバルへいく**』理論社 ★

・菊地清 作／橋本広喜 絵
『**ぽぽんたのたんぽぽ**』偕成社

・佐々木マキ
『**おれはレオ**』理論社 ★

・西村敏雄
『**さかさことばでうんどうかい**』福音館書店

・宮西達也『**サカサかぞくの　だんながなんだ**』ほるぷ出版

・宮西達也『**サカサかぞくの　だんなキスがスキなんだ**』同前

・宮西達也『**サカサかぞくの　だんなしぶいぶしなんだ**』同前

石津ちひろ＋長新太
『まさかさかさま
動物回文集』

石津ちひろ＋高畠純
『ぞうまうぞ・さるのるさ』

宮西達也
『サカサかぞくの
だんながなんだ』

アナグラムあれこれ

アナグラムは、文字の綴りかえです。二文字のことばでは「さかさことば」になります。かい—いか、かめ—メカ、さか—かさのように。三文字ですと、3×2×1で、六通りの並び・綴りができます。

この遊びは、あきやまただしさんの「**へんしんシリーズ**」(金の星社)で、とことんやっちゃったって感じです。二〇〇二年刊行の『**へんしんトンネル**』を皮切りに、すでに十五冊が出版されています。『**かえってきたへんしんトンネル**』という作品では、にわ→わに、コイン→インコのような簡単なアナグラムをはじめ、タヌキの「ぽんちゃん」が、トンネルをくぐると「ちゃんぽん」に変身するなど、アナグラムになる二つのことばを無理やりへんしん物語として絵にしているところが楽しいのです。

アナグラムでは、もとのことばと綴りかえたあとのことばは、当然ながら、おたがいにアナグラムになりますから双方向です。「コイン」から「インコ」へも、「インコ」から「コイン」へも成り立ちます。

わたしはアナグラムの意味を広げて、だじゃれのように一、二文字を変えたりすることや、濁音と清音のとりかえ、読点を打つ場所を変えることも、綴りかえという意味でアナグラムだと考えています。I章でとりあげた「ことばのサンドイッチ」もアナグラムの技法として考えられますし、回文もまた、「たいやきやいた」「わたしまけましたわ」のように、上からの綴り、下からの綴りと考えますと、アナグラムの一種だといえるでしょう。

――こんな本もありますよ――

- あきびんご『**ぼくとかれんのかくれんぼ**』くもん出版
- 石津ちひろ 作／高畠純 絵『**かばのさら・ばらのかさ**』ポプラ社
- くすのきしげのり 作／広瀬克也 絵『**ミライのミイラ**』瑞雲舎
- 林木林 文／山村浩二 絵・構成『**ねことこねこね**』BL出版
- 原田宗典 作／柚木沙弥郎 絵『**ぜつぼうの濁点**』教育画劇★

しりあわせ・あたまそろえ（しゃれ・語呂あわせの技法）

Ⅰ章で「しりあわせ」を紹介しました。「ひともじのせて」「○ん○んことば」「○んちことば」や、Ⅱ章の「音読み『かん』ひろい」「しりあわせだんだん熟語」などもみな、しりあわせといえます。

また、あたまの音・文字をそろえる「あたまそろえ」は、本書のなかで数多く紹介しています。

――絵本もいろいろ――

- 五味太郎『**さる・るるる**』シリーズ、絵本館
- 五味太郎『**さんさんさん**』同前
- 五味太郎『**ばく・くくく**』同前
- 谷川俊太郎 作／瀬川康男 絵『**ことばあそびうた**』福音館書店
- 谷川俊太郎 作／瀬川康男 絵『**ことばあそびうた（また）**』同前
- 谷川俊太郎＋覚 和歌子 作／さとうあきら 写真『**ねえ**』フレーベル館
- 松岡享子 作／馬場のぼる 絵『**かえるがみえる**』こぐま社

五味太郎『さる・るるる・る』

谷川俊太郎＋瀬川康男『ことばあそびうた』

早口ことば（しゃれ・語呂あわせの技法）

生むぎ生ごめ生たまご、となりの客はよく柿食う客だ、かえるぴょこぴょこみぴょこぴょこ……など、よく知られた早口ことばはいくつもあります。すでに江戸時代からあったらしく、杉山亮さんは『**お江戸はやくちことば**』（藤枝リュウジ＝絵、カワイ出版）としてまとめています。この本には、冒頭の二つのほかに、

- お綾や、親におあやまり
- あの竹垣へ竹立てかけたのは竹立てかけたかったからだ
- 神田鍛冶町の角の乾物屋の勝栗は固くてかめない。返して帰ろうと返しに行ったらカッと乾物屋の勘兵衛さんのかかあがでてきてかんしゃく起こしてカリカリかんだらカリカリかめた。

など十五編がコレクションされています。

早口ことばは、声に出して読むことを楽しむ遊びです。しかも、独りで読む、三回続けて読む、というのが基本。わたしは学

芸会で、早口ことばを十五作品、ひとりが三回ずつ言いあう場面をこしらえたことがあります。そこでとりあげたのは

・すもも　ももも　もものうち　もも　すもも　すももも　もものうち
・ぼうずが　びょうぶに　じょうずにぼうずの　えをかいた
・瓜売りが　瓜売りに来て　瓜売り残し売り売り帰る　瓜売りの声

などの伝承的作品とともに、谷川俊太郎さんたち「ことばあそびの会」の絵本『**きっときってかってきて**』（金川禎子＝絵、さ・え・ら書房）のなかから、つぎの三作品をお借りしました。

・きっときってかってきて　きっときってかってはってきて
・しかもかもしかもしかだがしかし　あしかはたしかしかではない
・なげなわのわも　わなげのわも　あわのわもわ

また、きしだえりこさんの『**どうぶつはやくち　あいうえお**』（かたやまけん＝絵、のら書店）は、「ひともじばなし」の技法の早口ことば絵本です。「た」と「な」の作品を。

・たすきがけのたぬき　たんすにはたきかけ
・ないてるなまずの　なみだも　なみのなか

――こんな本もありますよ――

・石津ちひろ 作／藤枝リュウジ 絵
『**ころころラッコ　こラッコだっこ**』
BL出版
・高畠純
『**十二支のはやくちことばえほん**』
教育画劇
・林木林 作／内田かずひろ 絵
『**はやくちまちしょうてんがい　はやくちはやあるきたいかい**』偕成社★
・平田昌広
『**みぢかなしぜんで　はやくちことば**』
講談社

ことばあそびの会＋金川禎子
『きっときってかってきて』

きしだえりこ＋かたやまけん
『どうぶつはやくち　あいうえお』

だじゃれ
（しゃれ・語呂あわせの技法）

だじゃれは、単語の綴りに文字を足したり、または引いたり、一文字変えたりしてできています。おしゃべりしながら、そんなことを瞬間的にやってしまうのが、お笑い芸人たちです。

どんなことばがしゃれになっているのか、どんなことば（単語）のだじゃれなのか。だじゃれの本といえば、たいていテーマ（ジャンル）ごとにつくられています。それがいちばんよくわかるのは、こちら。

中川ひろたか＝文／高畠純＝絵『**だじゃれどうぶつえん**』『**だじゃれすいぞくかん**』『**だじゃれしょくぶつえん**』『**だじゃれレストラン**』『**だじゃれオリンピック**』（絵本館）。

だじゃれ絵本には、そのことばをおもしろく表す絵が欠かせません（回文と同じように）。たとえば、『**だじゃれどうぶつえん**』では、勉強をしていたらしいゴリラが、時計をながめて「もうゴリラ（五時だ）」とつぶやいていたりします。

都道府県の名前のだじゃれはわたしが子どものころからあって、「すべって転んで大分県」「赤ちゃんのお尻は青森県」などと聞き覚えていたものです。それを全国四十七都道府県に広げて、長谷川義史さんが**『だじゃれ日本一周』**（理論社）という楽しい絵本に仕上げています。たとえば、

・このごろせいせきやまがたけん
・パンツのゴムがながのけん
・おかずはなんどす／きょうとうふ

といったぐあい。

さらに、だじゃれを「おやじギャグ」としてまとめているのが、「かいけつゾロリ」シリーズの作者・原ゆたかさんです。**『おやじギャグ大百科』**（ポプラ社）には、早口ことばや回文もとりあげられ、ジャンルに分けてコレクションされています。最後には「おやじギャグこうざ」でだじゃれ＝おやじギャグのつくりかたが書かれ、おまけにテストまでついています。また、その着想を広げて、傑作**『ゾロリ式おやじギャグドリル』**（同前）も発行されています。

――ほかにもいろいろ――

・あきびんご　**『したのどうぶつえん』**　くもん出版
・あきびんご　**『したのすいぞくかん』**　同前
・石津ちひろ 作／山村浩二 絵　**『くだものだもの』**　福音館書店
・石津ちひろ 作／山村浩二 絵　**『おやおや、おやさい』**　同前
・石津ちひろ 作／山村浩二 絵　**『おかしなおかし』**　同前
・石津ちひろ 作／山村浩二 絵　**『どきどきキッチンサーカス』**　同前
・内田麟太郎 作／荒井良二 絵　**『うそつきのつき』**　文溪堂
・内田麟太郎 作／斎藤隆夫 絵　**『これもむしぜんぶむし』**　鈴木出版
・内田麟太郎 作／おぼまこと 絵　**『はなのはなうた』**　絵本館
・谷川俊太郎 作／小林和子 絵　**『とととおっとっと』**　さ・え・ら書房

・中川ひろたか 作／村上康成 絵　**『こんにちワニ』『おひるのアヒル』**　PHP研究所
・中川ひろたか 作／高畠純 絵　**『えっちらおっちら日本だじゃれ旅』**　絵本館
・原ゆたか　**『かいけつゾロリのおやじギャグ200連発』**　ポプラ社
・平田昌広 作／平田景 絵　**『だんごうおです。』**　徳間書店

中川ひろたか＋高畠純『だじゃれどうぶつえん』

長谷川義史『だじゃれ日本一周』

石津ちひろ＋山村浩二『おやおや、おやさい』

内田麟太郎＋おぼまこと『はなのはなうた』

決まり文句・替え歌
（しゃれ・語呂あわせの技法）

――こんな絵本があります――

- 石井聖岳
  『かえうたかえうた　こいのぼり』
  講談社
- 齋藤孝 作／つちだのぶこ 絵
  『おっと合点承知之助』 ほるぷ出版
- 杉山亮 作／藤枝リュウジ 絵
  『お江戸決まり文句』
  カワイ出版（お江戸ミニブックセットの一冊）
- ながたみかこ
  『ごめんそうめんひやそうめん』 ほか
  「おどろきもものき！ つけたし言葉」
  全三巻、汐文社

齋藤孝＋つちだのぶこ
『おっと合点承知之助』

ながたみかこ
『ごめんそうめんひやそうめん』

しりとりうた・つみあげうた

Ⅲ章の創作技法で「しりとりうた」をとりあげました。

――こんな絵本があります――

- 安野光雅
  『さよならさんかく』
  講談社
- ジムズ・タバック 作／木坂涼 訳
  『これはジャックのたてたいえ』
  フレーベル館
- 谷川俊太郎 作／和田誠 絵
  『これはのみのぴこ』
  サンリード

ジムズ・タバック（木坂涼 訳）
『これはジャックのたてたいえ』

谷川俊太郎＋和田誠
『これはのみのぴこ』

なぞなぞ

どこかで見聞したことのある「なぞなぞ」を問うというかたちで、子どもはなぞなぞ遊びを楽しみます。小学校の給食時間に校内放送などで出題されたりもしています。放送室に本が用意されていて、そのなかから出題しているようです。

書店には、なぞなぞの本がどっさり並んだコーナーがありますが、ここでは、なぞなぞを詩のようにまとめている本をご紹介しましょう。

『世界なぞなぞ大事典』という、千二百ページ・厚さ七センチもの事典があるのですが、そこから七百七十七のなぞなぞを選んで編まれた「シリーズ 世界のなぞなぞ」という三冊の本があります。**『赤のなぞなぞ』『白のなぞなぞ』『黒のなぞなぞ』**と名づけられています（以上、大修館書店）。「赤」には人間のからだや身のまわりのものごとが、「白」には太陽をはじめ自然現象や動物・植物が、「黒」にはナンセンスやお金などの抽象的なものが、なぞなぞのテーマとして収められています。

なぞなぞを短い詩作品としてとらえていますので、問いかけと答えが併記されています。柴田武・谷川俊太郎・矢川澄子さんの編集。あとがきには「問いかけに答えが一組になったところに現れることばの広がりと奥行きを、一篇の詩を楽しむように楽しんでいただきたい」と書かれています。

もうひとつ、角野栄子＝作／スズキコージ＝絵『**なぞなぞあそびうた**』（全二巻、のら書店）も、詩作品として読めるなぞなぞ絵本です。問答形式の「読み聞かせ」をすると楽しめます。短い作品を二つひろってみましょう。

あたまに　かんざし　さしてもさ
おなかは　みずばら
ああ　はずかしい（こたえ＝かびん）

おひさまに　あたって　おやまのきに
おつきさまが　なりました
その　おつきさまのなかに
みかづきさんが
いっぱい　なりました（こたえ＝みかん）

―ほかにもいろいろ―

- 石津ちひろ 作／荒井良二 絵
『**なぞなぞのたび**』フレーベル館
- 石津ちひろ 作／高林麻里 絵
『**なぞなぞのへや**』同前
- 石津ちひろ 作／なかざわくみこ 絵
『**なぞなぞのみせ**』偕成社
- おおなり修司 作／高畠純 絵
『**なぞなぞはじまるよ**』絵本館
- 佐々木マキ
『**なぞなぞライオン**』理論社★
- 杉山亮 作／藤枝リュウジ 絵
『**お江戸なぞなぞあそび**』
カワイ出版（お江戸ミニブックセットの一冊）
- 原ゆたか
『**かいけつゾロリ　なぞなぞ大百科**』
ポプラ社

角野栄子＋スズキコージ
『なぞなぞあそびうた』

おおなり修司＋高畠純
『なぞなぞはじまるよ』

ことわざ

なぞなぞと同様に、ことわざをとりあげた児童書はどっさりあります。多くは四コマまんが入りの事典になっていて、まんがのキャラクターが登場する学習まんが事典をはじめ、よりどりみどりです。教科書でも三年生で学習することになっています。四コマまんがのことわざ事典の嚆矢といえるのが、吉田ゆたかさんの『**まんがで学習ことわざ事典**』（全五巻、あかね書房）です。

さて、ことわざからは、さまざまな場面・状況を想定できます。「あ」から「ん」までのことわざを動物にあてはめて解釈した、きたやまようこさんの『**どうぶつことわざえほん**』（のら書店）があります。

たとえば「はなよりだんご」のページでは、花畑に鳥やチョウが舞っていて、「わたしたちのだんごは花」とあります。「せんりのみちもいっぽより」は、ゾウ、オットセイ、アリが描かれ、「いろんないっぽがある」。ことわざへの認識が深まるたびに、違うおもしろさが伝わってくる作品ではないかと思います。

ところで、ことわざの綴りを少し変えてみると、だじゃれのような文になります。違うことわざみたいに仕上がったり、滑稽なイメージが広がったりなどして、それらはことわざのパロディ作品といえます。

五味太郎さんの『**わざわざことわざ**』（絵本館）は、このような作法で書かれています。作品をちょっと分析してみましょう。

強引矢の如し
　こういん→ごういん（清音→濁音）
寄らば体重のおかげ
　たいじゅ→たいじゅう（拗音→拗長音）
　かげ→おかげ（一音追加）
鬼に学ぼう
　かなぼう→まなぼう（一音変え）
馬の耳に可燃物
　ねんぶつ→かねんぶつ（一音追加）

さて、ことわざといえば「いろはかるた」がありますが、長谷川義史さんの絵本『**いろはのかるた奉行**』（講談社）は、江戸いろはをもとにしたパロディ作品といえます。文字を少し変えただけですから、もとのことわざが何かわかるはずです。

――ほかにもいろいろ――

- 荒井良二
『**にせニセことわざずかん**』
のら書店
- 大田垣晴子
『**ことことわざおのことわざ劇場**』
メディアファクトリー
- げゑせんうえの 作／あさだみほ 絵
『**新迷解　ポケモンおもしろことわざ**』
小学館
- 五味太郎
『**ことわざ絵本**』全二巻、岩崎書店
- 五味太郎
『**創作ことわざ絵本**』同前
- 高橋和枝
『**ねこのことわざえほん**』
ハッピーオウル社
- 高畠純
『**十二支のことわざえほん**』教育画劇
- 中川ひろたか 作／村上康成 絵
『**ことわざショウ**』
全二巻、ハッピーオウル社

高橋和枝
『ねこのことわざえほん』

高畠純
『十二支のことわざえほん』

しりとり
（アクロスティクの技法）

しりとり遊びは、Ⅰ章の❶～❽に紹介しています。

――絵本もいろいろ――

- 石津ちひろ 作／荒井良二 絵
『**しりとりあそびえほん**』のら書店
- 石津ちひろ 作／はたこうしろう 絵
『**しりとりあいうえお**』偕成社
- さいとうしのぶ
『**しりとりしましょ！**』リーブル
- さとうわきこ『**わっこおばちゃんのしりとりあそび**』童心社

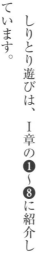

- サトシン 作／高畠那生 絵『**せきとりしりとり**』文溪堂
- 高畠純『**十二支のしりとりえほん**』教育画劇
- 谷川俊太郎 作／タイガー立石 絵『**ままです すきです すてきです**』福音館書店
- 中川李枝子 作／山脇百合子 絵『**ぐりとぐらのしりとりうた**』同前
- 馬場のぼる『**ぶたたぬききつねねこ**』こぐま社
- 馬場のぼる『**こぶたたんぽぽぽけっととんぼ**』同前
- 林木林 作／西村敏雄 絵『**どうぶつぴったんことば**』くもん出版
- tupera tupera『**うんこしりとり**』白泉社
- tupera tupera『**おならしりとり**』同前

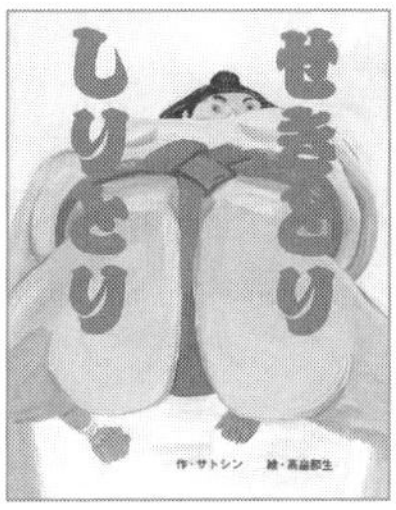

サトシン＋高畠那生
『せきとりしりとり』

林木林＋西村敏雄
『どうぶつぴったんことば』

ひともじうた（アクロスティクの技法）

ひともじうたは、Ⅲ章の「ひともじうた」「三行ばなし」で紹介しています。

——絵本もいろいろ——

- あきびんご『**あいうえおん**』くもん出版
- 安野光雅『**あいうえおみせ**』福音館書店
- 石津ちひろ 作／石井聖岳 絵『**ことばあそびどうぶつえん**』のら書店
- 内田麟太郎 作／西村繁男 絵『**あいうえおのえほん**』童心社
- 五味太郎『**ことばのえほん　あいうえお**』絵本館
- こやま峰子 作／やなせたかし 絵『**あいうえおゴリラ**』えほんの杜
- さいとうしのぶ『**あっちゃんあがつく**』リーブル
- さとうめぐみ『**あひるのあーちゃんあいうえお**』ハッピーオウル社

- 関根栄一 作／菊地清 絵『**ひらがなどうぶつえん**』小峰書店
- 寺村輝夫 作／和歌山静子 絵『**あいうえおうさま**』理論社
- 二宮由起子「**あいうえおパラダイス**」シリーズ全九巻、同前
- 松岡享子 作／長新太 絵『**それほんとう？**』福音館書店
- 水野翠『**うまさんうまとび**』小峰書店

——七五調のあそびうた——

- 織田道代 作／長新太 絵『**どうぶつどどいつ**』のら書店
- 織田道代 作／スズキコージ 絵『**ねこのどどいつあいうえお**』同前
- 内田麟太郎 作／喜湯本のづみ 絵『**ことばであそぼう五七五**』WAVE出版
- 皆川明 絵／谷川俊太郎 文『**はいくないきもの**』クレヨンハウス

織田道代＋長新太
『どうぶつどどいつ』

あいうえおうた（アクロスティクの技法）

「あいうえおうた」はⅢ章の冒頭で紹介しました。「百字文」（Ⅲ章）をあいうえおうたでつくったりもしましたね。

――こんな絵本があります――

- 石津ちひろ 作／長谷川義史 絵 **『おばけのもり』** 小学館
- 工藤直子 作／ほてはまたかし 絵 **『あいうえおおかみ』** 小峰書店
- すぎはらともこ **『あいうえおのうみで』** 徳間書店
- 武田美穂 **『あいうえおちあいくん』** ポプラ社
- 谷川俊太郎 作／白根美代子 絵 **『あいうえおっとせい』** さ・え・ら書房
- 市川里美 絵／波瀬満子 文 **『いっしょにあそぶ？』** 冨山房
- 林木林 作／高畠那生 絵 **『あいうえおんせん』** くもん出版★

石津ちひろ＋長谷川義史『おばけのもり』

林木林＋高畠那生『あいうえおんせん』

かぞえうた（アクロスティクの技法）

「かぞえうた」は、Ⅲ章の創作技法でくわしくご紹介しました。

――絵本もいろいろ――

- 岸田衿子 作／柚木沙弥郎 絵 **『てんきよほうかぞえうた』** 福音館書店
- 岸田衿子 作／スズキコージ 絵 **『かぞえうたのほん』** 同前
- 佐々木マキ **『はいいろひめさまかぞえうた』** 絵本館
- 瀬川康男 **『かっぱ・かぞえうた』** 福音館書店
- 高木あきこ うた／さいとうしのぶ 絵 **『1ちゃんいちにち　へんてこかぞえうた』** リーブル
- 高木あきこ うた／さいとうしのぶ 絵 **『ちょっぴりこわいぞ　どっきりかぞえうた』** 同前
- 中川李枝子 作／山脇百合子 絵 **『ぐりとぐらの1・2・3』** 福音館書店

岸田衿子＋スズキコージ『かぞえうたのほん』

高木あきこ＋さいとうしのぶ『ちょっぴりこわいぞ　どっきりかぞえうた』

技法ミックス作品

一冊のなかにさまざまな技法のことば遊びが使われている本があります。たとえば、一冊まるごと動物が登場するのですが、ページごとに、回文、折り句（アクロスティック）、同音語（しゃれ）、しりとりなどの技法でことばを遊ばせていたりします。

　絵本によって、学校生活、お店や商品の名前、食べもの、お寿司のネタ……など、テーマも豊富です。ここ十年くらいのあいだに出てきた、新しいスタイルの絵本だといえるでしょう。


―こんな絵本があります―

●石津ちひろ 作／ママダミネコ 絵**『はっけん！ ことばあそびのあっ！』**大日本図書
●さはらそのこ**『どうぶつことばあそび』**岩崎書店
●鈴木のりたけ**『たべもんどう』**ブロンズ新社
●林木林 作／田中六大 絵**『おすしですし！』**あかね書房★

さはらそのこ
『どうぶつことばあそび』

音読あそび・読み聞かせにひと工夫

　読み聞かせという読書指導の方法があります。昨今は保護者や地域の方がボランティアとして教室にきてくださる地域・学校もあります。また、国語の授業のなかに「図書」の時間があり、はじめに読み聞かせをしてから、貸し出しや返却の時間、自由読書という段どりで進めることが多いようです。そこでひとつ、提案があります。

　読み聞かせイコール、お話・物語という先入観を捨てて、詩・ことば遊びを読み聞かせの対象にしてはどうでしょうか。教室でちょっと時間ができたときに、くり返し試みていたお気に入りの作品と方法を紹介しておきます。ぜひ、いろいろなことば遊びを楽しんでみてください。

一ページをひと息で読む

『これはのみのぴこ』（１０６ページ）は「つみあげうた」という技法の作品です。ことばパフォーマーの波瀬満子さんから教えられたのが、一ページをひと息で読む方法。ページが進むごとに行数が増えるので、早口になり、最後のほうは大きく息を吸って一気に読み上げます。おもしろがって、本を借りて練習する子も出てきました。

問答形式で読む

　問答形式で読み聞かせることができる作品もあります。たとえば１０７ページで紹介した『なぞなぞあそびうた』。Ⅳ章の「詩の授業」で紹介したような「あてっこ」をしながら読みすすめます。

追いかけ読みでワクワク

　川崎洋さんの詩「どんどんちっちどんちっち」は、一行ずつ、まずわたしが読んで、そのあと全員で音読します。手拍子を入れたり、「どんどんちっちどんちっち」の部分だけを読むメンバーを決めたり……。

　ねじめ正一さんには「うんこ」や「せんせいたべちゃった」など、子どもがたいそう喜ぶ作品があります。追いかけ読みでは書いたものを渡しませんので、みんなワクワクしながらつぎのことばを待っています。

　島田陽子さんの『大阪ことばあそびうた』は、大阪弁が楽しい作品集。語彙やアクセントがおもいっきり楽しめます。

（以上、94ページの「個人作品集」より）

著者紹介

向井吉人（むかい・よしひと）

1948年、三重県生まれ。1972年～2009年、東京都小学校教員。定年までの37年間を学級担任として勤務。現在、東京都および立川市の非常勤教員・時間講師。長年にわたり、ことば遊びの教育実践と理論的研究、ことば遊びについてのコレクションとその批評を続けてきた。

1983年、ことば遊びの教育実践により久留島武彦文化賞を受賞。ことばあそびの会には発足の1977年に会員となり、1985年からは全面教育学研究会に参加。

ことば遊びに関する著書に『素敵にことば遊び』（學藝書林）、『ことば遊びの授業づくり』（明治図書）、共著書に『作文わくわく教室』（さ・え・ら書房）など。子ども・教育に関する著書に『学校の内側から』（田畑書店）、共著書に『脱「学級崩壊」宣言』（春秋社）、『子供はぜーんぶわかってる』（吉本隆明氏に聞く、批評社）など。

全面教育学研究会ウェブサイトに「ことばっちの冒険」を掲載中。

http://zenmenken2014.web.fc2.com/

＊――全面教育学研究会の庄司和晃氏から認識論に関する薫陶を受けるとともに、長年にわたって、ことば遊び研究などへの批評をいただいた。記して故人への謝意としたい（著者）。

できる！ つかえる！

ことば遊びセレクション

2016年9月18日　初版発行

2021年2月10日　第2刷発行

著者●向井吉人

イラスト●つきおかゆみこ

デザイン&レイアウト●鈴木美緒

発行所●株式会社太郎次郎社エディタス

東京都文京区本郷3-4-3-8F　〒113-0033

電話 03-3815-0605

FAX 03-3815-0698

http://www.tarojiro.co.jp/

電子メール tarojiro@tarojiro.co.jp

印刷・製本●シナノ書籍印刷

定価はカバーに表示してあります

ISBN978-4-8118-0796-6 C0037

本書で紹介した数々のことば遊びがすぐにできる！
プリント用ワークシートを公開
www.tarojiro.co.jp/kotobaasobi/からダウンロードできます